LE GUIDE
MICHELIN

LES PLUS BELLES TABLES DE PARIS
ET DE SES ENVIRONS

MICHELIN

LES ENGAGEMENTS DU GUIDE MICHELIN

Si le guide MICHELIN peut se prévaloir d'une **notoriété mondiale**, c'est principalement grâce à la constance de son engagement vis-à-vis de ses lecteurs. Au Japon ou aux États-Unis, en Chine et partout en Europe, celui-ci est fondé sur quelques principes immuables, scrupuleusement respectés par tous ses inspecteurs :

Première règle d'or, les inspecteurs testent les tables de façon **anonyme** et **régulière**, afin d'apprécier pleinement le niveau des prestations offertes à tout client. Ils paient donc toujours leurs additions.

La sélection des établissements s'effectue en toute **indépendance**, et l'inscription des établissements dans le guide est totalement gratuite.

Loin d'être un simple annuaire d'adresses, le guide propose une **sélection** des meilleurs restaurants, dans toutes les catégories de standing et de prix.

Les informations pratiques, les classements et distinctions sont tous revus et mis à jour chaque année, afin d'offrir **l'information la plus fiable**.

Les critères de classification sont identiques pour tous les pays couverts par le guide MICHELIN, afin de garantir **l'homogénéité** de la sélection. À chaque culture sa cuisine, mais la **qualité** se doit de rester **un principe universel.**

Michelin s'est donné une mission : **l'aide à la mobilité**. Dans l'unique dessein que vos voyages soient toujours placés sous le signe du plaisir et de la sécurité.

CHÈRE LECTRICE,
CHER LECTEUR,

Cela n'aura échappé à personne: pour les gourmets, Paris est une fête ! Le guide MICHELIN en témoigne cette année encore: pas moins de 127 tables étoilées, dont 22 nouvellement distinguées, 69 Bib Gourmand (menu à 37€ maximum), illustrant une incroyable variété d'influences, de sensibilités, d'approches culinaires.. Paris régale, Paris surprend, Paris émeut, et ce n'est pas près de s'arrêter.

Alors, quoi de neuf sur les deux rives de la Seine ? Premier constat, les talents nippons sont plus que jamais dans la place: la capitale compte 25 restaurants étoilés dont les fourneaux sont tenus par des Japonais. Et les nouveaux lauréats (*Automne*, *Abri*, *Pilgrim*, *Yoshinori*...), qui magnifient la cuisine française avec brio, ne risquent pas d'inverser la tendance.

Elles sont l'une des bonnes nouvelles de cette édition : en 2019, les femmes s'imposent et en imposent. À Pontoise, Naöelle d'Hainaut décroche une étoile pour son travail à l'*Or Q'idée*, tout comme Julia Sedefdjian (ancienne des *Fables de La Fontaine*) au *Baieta*. Quant à Stéphanie Le Quellec, qu'on ne présente plus, elle franchit un cap à *La Scène* : deux étoiles à la clé.

Une fois n'est pas coutume, l'hypercentre de Paris se montre d'un dynamisme réjouissant. Dans le deuxième arrondissement, par exemple, c'est un véritable feu d'artifice. Quatre nouveaux «une étoile» et autant de nouveaux «Bibs» : qui a dit que l'Est parisien avait le monopole de la nouveauté ?

Enfin, nous préférons prévenir : certains des nouveaux étoilés 2019 (on pense à *Racines*, *Frenchie* ou *Abri*) dérouteront les puristes du confort «gastronomique». Nappes absentes, service à la cool, confort minimal... Nous assumons : pour nous, la qualité de la cuisine est le seul critère de sélection.

Bonne lecture à toutes et à tous,

Les équipes du guide MICHELIN ⎯⎯⎯⎯

SOMMAIRE

LES ENGAGEMENTS DU GUIDE MICHELIN P. 2

CHÈRE LECTRICE, CHER LECTEUR P. 4

LES SYMBOLES DU GUIDE MICHELIN P. 8

P. 10 **LES RESTAURANTS**

P. 12 PARIS

P. 242 AUTOUR DE PARIS

INDEX THÉMATIQUES

INDEX ALPHABÉTIQUE DES RESTAURANTS **P. 270**

LES TABLES ÉTOILÉES **P. 275**

BIB GOURMAND **P. 277**

LES ASSIETTES «COUP DE CŒUR» **P. 278**

RESTAURANTS PAR TYPE DE CUISINE **P. 280**

TABLES EN TERRASSE **P. 285**

RESTAURANTS AVEC SALONS PARTICULIERS **P. 286**

1er PALAIS-ROYAL • LOUVRE • TUILERIES • LES HALLES P. 14

2e BOURSE • SENTIER P. 32

3e LE HAUT MARAIS • TEMPLE P. 48

4e ÎLE DE LA CITÉ • ÎLE ST-LOUIS • LE MARAIS • BEAUBOURG P. 52

5e QUARTIER LATIN • JARDIN DES PLANTES • MOUFFETARD P. 58

6e ST-GERMAIN-DES-PRÉS • ODÉON • JARDIN DU LUXEMBOURG P. 70

7e TOUR EIFFEL • ÉCOLE MILITAIRE • INVALIDES P. 84

8e CHAMPS-ÉLYSÉES • CONCORDE • MADELEINE P. 106

9e OPÉRA • GRANDS BOULEVARDS P. 140

10e GARE DE L'EST • GARE DU NORD • CANAL ST-MARTIN P. 150

11e NATION • VOLTAIRE • RÉPUBLIQUE P. 156

12e BASTILLE • BERCY • GARE DE LYON P. 166

13e PLACE D'ITALIE • GARE D'AUSTERLITZ • BIBLIOTHÈQUE NATIONALE DE FRANCE P. 172

14e MONTPARNASSE • DENFERT-ROCHEREAU • PARC MONTSOURIS P. 178

15e PORTE DE VERSAILLES • VAUGIRARD • BEAUGRENELLE P. 186

16e TROCADÉRO • ÉTOILE • PASSY • BOIS DE BOULOGNE P. 198

17e PALAIS DES CONGRÈS • WAGRAM • TERNES • BATIGNOLLES P. 216

18e MONTMARTRE • PIGALLE P. 228

19e & 20e LA VILLETTE • BUTTES CHAUMONT • GAMBETTA • BELLEVILLE P. 236

AUTOUR DE PARIS P. 242

LES SYMBOLES
DU GUIDE MICHELIN

LA QUALITÉ DE LA CUISINE

Trois symboles qualifient la qualité de la cuisine : l'Étoile, le Bib gourmand et l'Assiette.

Une ❀, deux ❀❀ ou trois ❀❀❀ — les étoiles distinguent les cuisines les plus remarquables. Le choix des produits, la maîtrise des cuissons et des saveurs, la personnalité de la cuisine, la constance de la prestation et le bon rapport qualité-prix : voilà les critères qui, au-delà des genres et des types de cuisine, définissent les plus belles tables.

LES MOTS-CLÉS

Deux mots-clés vous aideront à trouver la bonne adresse : rouge pour la cuisine, or pour l'atmophère.

Cuisine créative • Cosy

LES PLUS DE L'ÉTABLISSMENT,
SES ÉQUIPEMENTS ET SES SERVICES

🍷	Belle carte des vins
⛱	Table en terrasse
≤	Belle vue
🌳	Parc ou jardin
♿	Accès pour les personnes à mobilité réduite
A/C	Salle climatisée
⌗	Salon particulier
🚗	Voiturier
🅿	Parking
🚫	L'établissement n'accepte pas les cartes de paiement
Ⓝ	Une nouvelle adresse dans le guide !

LES ÉTOILES

✿✿✿ **Trois étoiles : une cuisine unique. Vaut le voyage !**
La signature d'un très grand chef ! Produits d'exception,
pureté et puissance des saveurs, équilibre des
compositions : la cuisine est ici portée au rang d'art. Les
assiettes, parfaitement abouties, s'érigent souvent en
classiques.

✿✿ **Deux étoiles : une cuisine d'exception. Vaut le détour !**
Les meilleurs produits magnifiés par le savoir-faire et
l'inspiration d'un chef de talent, qui signe, avec son équipe,
des assiettes subtiles et percutantes, parfois très originales.

✿ **Une étoile : une cuisine d'une grande finesse. Vaut l'étape !**
Des produits de première qualité, une finesse d'exécution
évidente, des saveurs marquées, une constance dans la
réalisation des plats.

LE BIB GOURMAND

Nos meilleurs rapports qualité-prix.
Un moment de gourmandise pour un maximum
de 37€ (33€ en province) : de bons produits bien
mis en valeur, une addition mesurée, une cuisine
d'un excellent rapport qualité-prix.

L'ASSIETTE

Une cuisine de qualité
Qualité des produits et tour de main du
chef : un bon repas tout simplement !

LES RESTAURANTS

10 FAÇONS
DE CHERCHER UNE ADRESSE...

Au sein de chaque arrondissement, nous avons classé nos adresses par distinction de qualité de cuisine : les étoiles d'abord, de 3 à 1, puis les Bib Gourmand et les Assiettes.
Même principe pour notre sélection autour de Paris : chaque localité (de A à Z) décline ses adresses suivant leur qualité.

Les mots-clés rouges et or — type de cuisine et ambiance — sauront vous guider vers l'adresse qui correspond à votre envie.
De la table la plus élaborée à la plus simple, pour un repas d'affaires, un dîner entre amis ou en amoureux, pour une expérience créative ou un moment d'authentique tradition, c'est selon l'humeur du moment ou à la circonstance !

———————

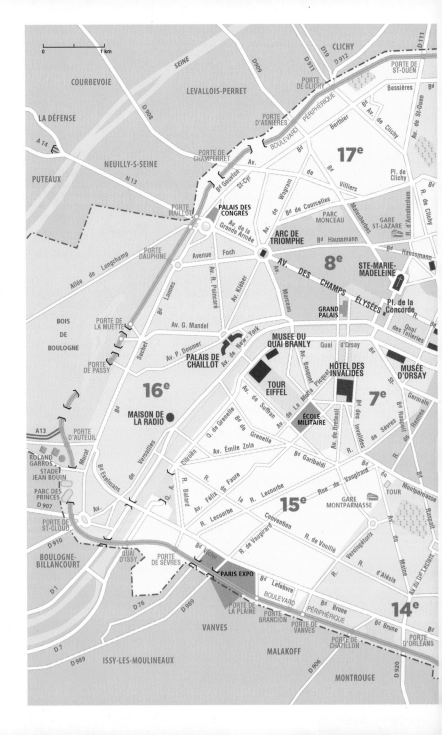

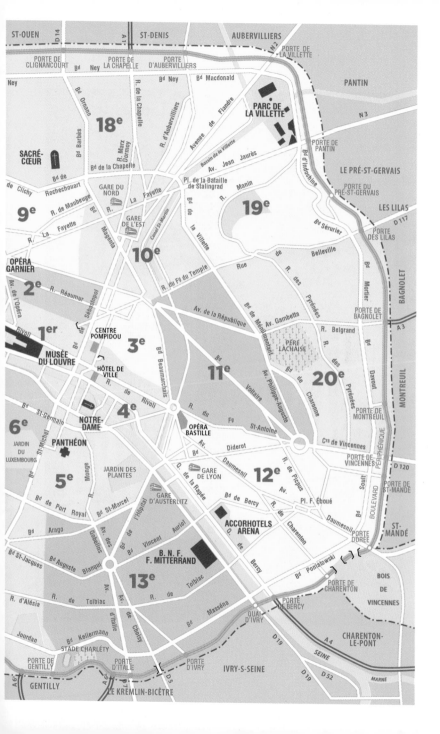

1er

PALAIS ROYAL • LOUVRE • TUILERIES • LES HALLES

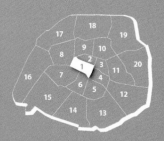

Menu 115 € (déjeuner), 315 € – Carte 210/290 €

17 rue de Beaujolais (1er)
TEL. 01 42 96 56 27
www.grand-vefour.com
Ⓜ Palais Royal

Fermé samedi, dimanche

✿ ✿

Cuisine créative • Classique

LE GRAND VÉFOUR

Bonaparte et Joséphine, Lamartine, Hugo, Mac-Mahon, Sartre… Depuis plus de deux siècles, l'ancien Café de Chartres est un vrai bottin mondain ! Le plus vieux restaurant de Paris (1784-1785) entre dans la légende en 1820 avec Jean Véfour, qui lui donne son nom. Plus tard, en 1948, Raymond Oliver lui rend son éclat en lui apportant ses premières étoiles. Le lieu, unique en son genre, est classé monument historique. Deux magnifiques salles Directoire s'ouvrent sur le jardin par des arcades : miroirs, lustres en cristal, dorures, toiles peintes fixées sous verre inspirées de l'Antiquité…

En cuisine, Guy Martin, qui se plaît à rappeler qu'il a commencé comme pizzaiolo à 17 ans, «croque» ses plats comme un artiste. Arrêtons-nous un instant sur l'un de ses tableaux, intitulé « Filet d'agneau en chapelure de persil blanc de poireau confit jus à l'huile de poireau » : une viande fine et goûteuse d'une parfaite cuisson rosée, associée à une légère panure de persil, le tout rehaussé d'un jus d'agneau à l'infusion de poireau, qui donne une pointe végétale fort agréable.

À LA CARTE…

Ravioles de foie gras, crème foisonnée truffée • Parmentier de queue de bœuf aux truffes • Palet noisette et chocolat au lait, glace au caramel brun et sel de Guérande

Jérôme Mondière/Le Grand Véfour

❀❀

Cuisine moderne • Élégant

KEI

Le Coq Héron, cela vous rappelle peut-être quelque chose : c'était la salle mythique de Gérard Besson (MOF, 1976), dont les gibiers, foies gras, sauces à la viande et feuilletés demeurent des classiques de la cuisine «bien de chez nous». Changement de ton avec le chef japonais Kei Kobayashi, né à Nagano et formé à l'école prestigieuse des triples étoilés Gilles Goujon (L'Auberge du Vieux Puits, Fontjoncouse) et Alain Ducasse (Plaza Athénée, Paris, 8e).

Son père était cuisinier dans un restaurant traditionnel kaiseki (gastronomie servie en petits plats, comparable à la grande cuisine occidentale), mais sa vocation naît véritablement en regardant un documentaire sur la cuisine française.

« Je suis un Japonais qui fait de la cuisine française », proclame Kei, évoquant une gourmandise saine, libérée des entraves de la culpabilité. L'influence nippone affleure par petites touches délicates – au détour d'une purée d'agrumes, des fleurs, des lamelles de pomme verte... –, tout en préservant les saveurs de produits de qualité. Ce n'est pas la France, ce n'est pas le Japon, c'est Kei. Un style inimitable.

À LA CARTE...

Jardin de légumes croquants • Bar de ligne cuit sur ses écailles • Vacherin aux fruits rouges, glace miso

Menu 58 € (déjeuner), 110/215 €

5 rue du Coq-Heron (1ᵉʳ)
TEL. 01 42 33 14 74
www.restaurant-kei.fr
Ⓜ **Louvre Rivoli**

Fermé 4-26 août,
22 décembre-6 janvier, lundi, mardi midi, jeudi midi

A/C

17

✿✿

Cuisine moderne • Luxe

LE MEURICE ALAIN DUCASSE

Menu 110 € (déjeuner),
380/580 € – Carte 260/345 €

228 rue de Rivoli (1ᵉʳ)
TEL. 01 44 58 10 55
www.alainducasse-meurice.com/fr
Ⓜ **Tuileries**

Fermé 23 février-11 mars,
27 juillet-26 août, samedi,
dimanche

Prenez un célèbre palace (né au début du 19ᵉ s. face au jardin des Tuileries), ajoutez-y un chef surdoué, Alain Ducasse, saupoudrez d'un luxe insensé (plafond blanc paré de dorures, lustres en cristal, mosaïques...), et vous obtenez Le Meurice, au décor digne du château de Versailles. Ici, les serveurs vont et viennent, véritable éloge de l'esquive, en un ballet parfaitement synchronisé : une vision qui suscite l'admiration des fortunes étrangères venues chercher ici l'âme parisienne. Cela tombe à pic : elle s'y trouve.

La griffe Ducasse est aujourd'hui mise en œuvre par Jocelyn Herland, ancien de The Dorchester à Londres, qui ne se montre nullement intimidé par l'aura des lieux : ses assiettes rendent un hommage vibrant à la tradition française. Cette mise en bouche vous a séduit ? Vous en voulez encore ? Voilà une ode à un turbot. Prenez un beau tronçon de turbot bien épais, cuit à l'arête, riche d'une enveloppe panée qui apporte un léger croustillant à la dégustation, et accompagnez-le d'une sauce à la grenobloise revisitée qui donne toute la puissance à cette recette.

À LA CARTE...

Petit pâté chaud de pintade et foie gras, sauce Périgueux • Poulette fermière, girolles et céleri • Baba au rhum de votre choix, crème mi-montée

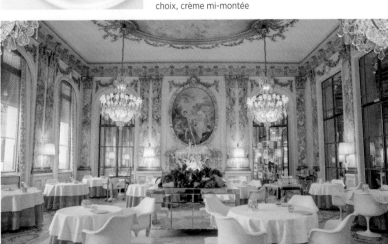

Pierre Monetta / Le Meurice Alain Ducasse

✿✿

Cuisine créative • Design

SUR MESURE
PAR THIERRY MARX

On a tout dit, ou presque, de Thierry Marx : grand voyageur, alchimiste malicieux, adepte du tai-chi, hier au Château Cordeillan-Bages à Pauillac (Gironde), aujourd'hui à la tête des cuisines du Mandarin Oriental, palace parisien haute couture qui lui a imaginé un restaurant sur mesure. Ou plutôt à sa démesure ? Passé le sas d'entrée, vous voilà transporté dans un univers inédit, d'un blanc immaculé et presque monacal, qui n'est pas sans évoquer le décor avant-gardiste d'un film de Stanley Kubrick. « Ma cuisine tient en deux mots : structure et déstructure », confie Thierry Marx ; c'est bien ce que l'on ressent en découvrant ses menus uniques, successions de plats aux saveurs étonnantes. En orfèvre minutieux, il travaille la matière, joue avec intelligence sur les transparences, les saveurs et les textures. Bœuf charbon, aubergines grillées, sirop d'érable et vinaigre de feuille de cerisier ; risotto de soja aux huîtres, morilles. Une expérience.

À LA CARTE...
Risotto de soja, huître pochée • Maquereau en camouflage • Sweet bento

Menu 85 € (déjeuner),
190/250 €

251 rue St-Honoré (1er)
TEL. 01 70 98 71 25
www.mandarinoriental.fr/paris
Ⓜ Concorde

Fermé 1er-7 janvier, 28 avril-6 mai,
28 juillet-26 août, lundi, dimanche

🅱 ♿ A/C

Menu 195/345 € – Carte
200/420 €

15 place Vendôme (1er)
TEL. 01 43 16 33 74
www.ritzparis.com
Ⓜ **Opéra**

Fermé lundi midi, mardi midi,
mercredi midi, jeudi midi, vendredi
midi, samedi midi, dimanche midi

❀❀
Cuisine moderne • Élégant

LA TABLE DE L'ESPADON

« La bonne cuisine est la base du véritable bonheur. »
Ces mots d'Auguste Escoffier en disent long sur la
place réservée ici à la gastronomie. De fait, le premier chef des cuisines du Ritz et complice de César
Ritz – le fondateur du palace en 1898 – y a érigé la
cuisine en symbole de l'art de vivre à la française. Aujourd'hui, Nicolas Sale a remplacé Auguste Escoffier,
mais l'émotion des goûts est demeurée intacte.
La salle est éblouissante : dorures, velours, superbes
compositions florales, lustres en verre de Murano, ciel
en trompe l'œil, etc. L'assiette étincelle tout autant :
ravioles de tourteaux, assorties d'un bouillon tiède au
gingembre citronnelle; pomme de ris de veau ; rhubarbe... Goût, personnalité, intensité : la cuisine de
Nicolas Sale fait souffler un vent de modernité sur le
Ritz. Estelle Touzet, la sommelière, connaît à la perfection sa carte des vins très riche (et très chère).
Quant au service, assuré à l'assiette clochée par une
brigade en queue-de-pie, il est délicieusement obsé-
quieux. Une expérience marquante.

À LA CARTE...
La langoustine • Le bar de ligne • Le miel

Cuisine moderne • Élégant

LE BAUDELAIRE

Ici, nulle raison d'être envahi par le spleen baudelairien : on se sent si bien dans ce restaurant raffiné, niché au cœur d'un jeune palace arty et feutré célébrant le nouveau chic parisien... La salle s'ordonne autour de la cour intérieure de l'établissement, un beau jardin d'hiver où il fait bon lire Les Fleurs du mal devant un thé. Reflets du dehors sur les tables en laque noire, confort douillet des fauteuils, grandes verrières, murs immaculés : un havre de paix... dédié à la gastronomie.

En 2016, on s'est offert ici le concours d'un chef d'expérience : Guillaume Goupil, qui fut (entre autres) le second de Stéphanie Le Quellec au Prince de Galles. Il compose une cuisine au goût du jour bien maîtrisée : poulpe de roche et pommes de terre fondantes au lard, figues de Solliès, crème glacée au miel et crumble de safran...

À LA CARTE...

Langoustines rôties, ravioles d'herbes potagères et bisque à la cardamome verte • Ris de veau rôti, chapelure aux câpres, blettes glacées et girolles • Chocolat macaé, meringue cacao

Menu 58 € (déjeuner),
110/150 € – Carte 110/134 €

6-8 rue Duphot (1ᵉʳ)
TEL. 01 71 19 49 11
www.leburgundy.com
Ⓜ Madeleine

Fermé 22-30 décembre, samedi midi, dimanche

AC

Le Baudelaire

✿
Cuisine moderne • Élégant

CARRÉ DES FEUILLANTS

Menu 68 € (déjeuner), 220 € –
Carte 131/154 €

14 rue de Castiglione (1er)
TEL. 01 42 86 82 82
www.carredesfeuillants.fr
Ⓜ **Tuileries**

Fermé samedi, dimanche

Il est rare qu'un restaurant marie si parfaitement ambiance et style culinaire. Indéniablement, le Carré des Feuillants réussit cette osmose. Point d'exubérance ou d'élans démonstratifs, tout dans la mesure et la maîtrise : c'est la première impression qui se dégage de cet ancien couvent (bâti sous Henri IV). Conçu par l'artiste plasticien Alberto Bali, ami d'Alain Dutournier, le décor n'est que lignes épurées, presque minimalistes, et matériaux naturels, dans une veine contemporaine.

Un cadre baigné de sérénité, pour un service impeccable et une cuisine à la hauteur. Marquée par la générosité et les racines landaises du chef, elle fait preuve de caractère et d'inventivité. Composées à la manière d'un triptyque – «le basique, son complice végétal et le révélateur» –, les assiettes ont l'art de valoriser l'authenticité du produit tout en sublimant le «futile». Quant à la cave, elle recèle de vrais trésors.

À LA CARTE...

Langoustines marinées, citron caviar, fleurette de légumes coraillée et noisettes grillées • Poularde «Belle Aurore», truffe fraîche, foie gras et ris de veau • Fraises de plein champ et rhubarbe, feuilleté gaufré et goyave

FRANK HERSCHER/Carré des Feuillants • Carré des Feuillants

❀

Cuisine créative · Design

LA DAME DE PIC

Un bel atout dans la cartographie des bonnes tables parisiennes : Anne-Sophie Pic a créé à deux pas du Louvre, cette table... capitale. À 550 km de Valence, où son nom a tant marqué l'histoire de la cuisine (ses père et grand-père y conquirent eux aussi trois étoiles Michelin), mais au cœur de sa griffe originale.

Un travail en finesse, en précision, doublé d'une inspiration pleine de vivacité : telle est la signature de cette grande dame de la gastronomie. On retrouve son sens de l'harmonie des saveurs, de la fraîcheur et de l'exactitude, avec toujours ces cuissons et assaisonnements au cordeau : berlingots à la fondue fribourgeoise dans un bouillon mousseux au poivre Sansho ; tourteau de casier sur sa fine gelée de mandarine ; ou encore millefeuille blanc et sa crème légère à la rose de Damas...

Menu 59 € (déjeuner),
105/135 €

20 rue du Louvre (1ᵉʳ)
TEL. 01 42 60 40 40
www.anne-sophie-pic.com
Ⓜ **Louvre Rivoli**

Fermé 28 juillet-24 août

  ♿ AC

À LA CARTE...

Berlingots au coulant de brillat-savarin fumé, champignons des bois à la fève tonka • Saint-pierre rôti meunière aux baies de la passion, tomates anciennes et sauge • Chocolat aux arômes de citron et glace moelleuse

Olivier Decker/Michelin

23

Cuisine moderne • Romantique

LES JARDINS DE L'ESPADON

Après quatre ans de travaux, le Ritz renaît de ses cendres. Les Jardins de l'Espadon proposent une expérience gastronomique d'exception au déjeuner. Traversez la galerie fleurie, toute en dorures, et installez-vous sous la véranda, bordée de verdure, pour déguster une carte courte et maligne, imaginée par Nicolas Sale.

L'ancien chef de la Table du Kilimandjaro (deux étoiles à Courchevel) se montre ici aussi le digne successeur d'Auguste Escoffier, premier chef des cuisines du Ritz ! Voyez plutôt : marinière de coquillages, persil et pâtes fraîches ; côtes et filets d'agneau, caviar d'aubergine et courgettes grillées ; chocolat de Madagascar, texture de meringue et sauce chocolat. Carte inventive, service irréprochable : on passe un fort agréable moment.

À LA CARTE...

Cannelloni de langoustine, chou pointu et sauce au vin de Meursault • Merlan de ligne et crème de charlotte à la grenobloise • Chocolat de Madagascar, textures de meringue et sauce chocolat frappée

Menu 148 €

15 place Vendome (1er)
TEL. 01 43 16 33 74
www.ritzparis.com
Opéra

Fermé lundi soir, mardi soir, mercredi soir, jeudi soir, vendredi soir, samedi, dimanche

Matthieu Cellard/Les Jardins de l'Espadon

❀

Cuisine japonaise • Élégant

JIN

Un écrin pour la gastronomie japonaise en plein cœur de Paris, près de la rue St-Honoré ! Jin, c'est d'abord – et surtout – le savoir-faire d'un homme, Takuya Watanabe, chef originaire de Niseko, ayant d'abord travaillé avec succès au Japon... avant de succomber aux charmes de la capitale française. Comment ne pas être saisi par la dextérité avec laquelle il prépare, sous les yeux des clients, sushis et sashimis ? En provenance de Bretagne ou d'Espagne, le poisson est maturé pour être servi au meilleur moment. Des ingrédients de premier ordre pour une cuisine de haut vol : telle est la promesse du repas. De l'entrée au final, l'interprétation est superbe... Jin, c'est aussi un décor très agréable, zen et intime (le comptoir en noyer est magnifique), relayé par un service discret et efficace. Pas de vins mais de superbes sakés. Sous le Soleil-Levant exactement.

À LA CARTE...
Cuisine du marché

Menu 95 € (déjeuner), 145/195 €

6 rue de la Sourdière (1er)
TEL. 01 42 61 60 71
Ⓜ **Tuileries**

Fermé 5-23 août,
23 décembre-7 janvier, lundi,
dimanche

A/C ⟠

Menu 48 € – Carte 56/122 €

9 rue Vauvilliers (1er)
TEL. 01 42 36 32 96
www.lapouleaupot.com
Ⓜ Châtelet-Les-Halles

Cuisine traditionnelle • Vintage

LA POULE AU POT

Service sur plateau d'argent, décor suranné de bistrot, comptoir en zinc : on se croirait presque dans un décor à la Audiard. Y compris dans l'assiette ! Jean-François Piège fait confiance à son fidèle chef exécutif, Shinya Usami, pour réhabiliter les grands classiques du répertoire culinaire français. Le talent de ce dernier est indéniable, et la partition qu'il compose ne manque pas d'arguments : il fait dans la générosité et les saveurs, à l'ancienne, ne rechignant pas au beurre et à la crème, aux os et aux arêtes, bref, il régale d'une cuisine qui n'a pas froid aux yeux. Galantine de canard et gelée corsée, merlan frit Colbert et sa sauce tartare, plateau de tartes du jour... Plaisir (coupable) garanti.

À LA CARTE...
Cuisses de grenouilles en persillade • Blanquette de veau à l'ancienne et bouquetière de légumes • Plateau de tartes comme dans mon enfance

Olivier Decker/Michelin

✿

Cuisine créative • Élégant

RESTAURANT DU PALAIS ROYAL

C'est dans le cadre idyllique des jardins du Palais Royal, à deux pas du ministère de la Culture, qu'on trouve cet élégant restaurant qui ne cache pas ses ambitions gastronomiques. Aux fourneaux officie le jeune chef grec Philip Chronopoulos, qui fut notamment chef exécutif de l'Atelier de Joël Robuchon-Étoile. Avec de superbes produits, il signe ici une cuisine créative, percutante, se fendant de recettes d'une vivifiante maturité – en témoignent ces langoustines justes saisies, girolles et amandes fraîches. On se délecte de ces douceurs dans un cadre contemporain au luxe discret, qui est un régal pour les yeux. L'été, la terrasse sous les arcades offre à vos agapes un décor à la hauteur de l'assiette. Avis aux amateurs : les petits clafoutis maison aux fruits de saison, offerts avant le café, sont un délice... Royal, c'est le mot.

Menu 55 € (déjeuner), 152 € – Carte 104/166 €

Galerie de Valois (1er)
TEL. 01 40 20 00 27
www.restaurantdupalaisroyal.com
Ⓜ **Palais Royal**

Fermé 17 février-4 mars, lundi, dimanche

🏠 ♿ AC ⟷ 🧺

À LA CARTE...

Poulpe au piment fumé, pommes grenaille caramélisées • Cabillaud confit à l'huile d'argan, citron rôti et pousses d'épinard • Citron meringué, crémeux à la noix de coco

❄

Cuisine créative • Élégant

YAM'TCHA

Adeline Grattard a reçu – et cultivé ! – un don rare, celui du sens du produit. Dans son adresse de la rue Saint-Honoré, la jeune chef choisit deux ou trois ingrédients, et ils occupent tout l'espace. Ni démonstration technique ni esbroufe, rien que de subtiles associations, rarement vues, et qui paraissent pourtant très naturelles. Formée auprès de Pascal Barbot (L'Astrance) et installée quelques années à Hong Kong, elle marie des produits d'une extrême qualité, principalement de France et d'Asie : on pense notamment à la sauce XO, au riz noir vinaigré ou au jus de crustacé, additionnés dans une partition énergique, spontanée, émouvante... Le tout se déguste avec une sélection rare de thés asiatiques, autre source d'accords très convaincants (yam'tcha, en chinois, c'est « boire le thé »). Ni carte ni menu : de plat en plat, on se laisse surprendre par le marché et l'inspiration du jour. Renversant.

À LA CARTE...
Spaghetti de patate douce, shiitakés et caviar • Ris de veau poché au fuyu et celtuce • Soupe de sésame noir et glace vanille

Menu 70 € (déjeuner), 150 €

121 rue Saint-Honoré (1er)
TEL. 01 40 26 08 07
www.yamtcha.com
Ⓜ Louvre Rivoli

Fermé 28 juillet-4 septembre,
23 décembre-9 janvier, lundi,
mardi, dimanche

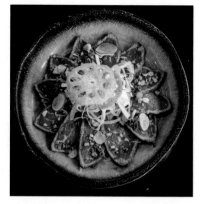

Cuisine coréenne • Épuré

MEE

Un bistrot coréen à deux pas des Tuileries. Son objectif : proposer une cuisine coréenne de qualité à prix serrés, tout simplement ! Les entrées se présentent sous forme de bouchées (ravioles, beignets), et l'on trouve aussi des soupes et de bons plats réalisés avec des produits de premier choix : basse-côte de bœuf, échine de porc, seiche... Tout est à la fois goûteux et relevé, à la façon coréenne, et les desserts se révèlent également savoureux, comme en témoigne ce punch gingembre-cannelle avec morceaux de poire. Les longues tables communes, où l'on s'installe au coude-à-coude, ajoutent à la convivialité du moment. Réservation fortement conseillée !

À LA CARTE...
Raviolis au kimchi • Bibimbap • Paddongi : glace vanille et haricots rouges

Menu 15 € (déjeuner), 18 € – Carte 23/30 €

5 rue d'Argenteuil (1er)
TEL. 01 42 86 11 85
Ⓜ **Palais Royal**

Cuisine japonaise • Épuré

ZEN

Zen incarne le Japon avec une élégance et une véritable attention au détail. Cette cantine nippone s'appuie tout d'abord sur une cuisine authentique : la carte, étoffée, reste fidèle aux classiques sushis, grillades et autres tempuras, les grandes spécialités de la maison étant les gyozas et le chirashi. Quant au décor, rénové dans une veine traditionnelle (boiseries, etc.), il favorise l'immersion et la sensation du voyage. Ajoutez un service empressé mais souriant et des prix raisonnables, et vous obtenez l'endroit idéal pour un déjeuner sur le pouce ou un dîner apaisant.

À LA CARTE...
Gyoza • Chirashi • Fraisier à la japonaise

Menu 35/55 € – Carte 25/58 €

8 rue de l'Échelle (1er)
TEL. 01 42 61 93 99
www.restaurantzenparis.fr
Ⓜ **Palais Royal**

🛖 Ⓐ/Ⓒ

1er • PALAIS-ROYAL • LOUVRE • TUILERIES • LES HALLES

🍴○
Cuisine israélienne • *Tendance*

BALAGAN

Balagan signifie «joyeux bazar» en hébreu, et ce nom préfigure l'ambiance de jubilation gourmande qui règne ici. Dans l'assiette, un florilège de saveurs méditerranéennes savamment agencées : une cuisine généreuse et parfumée, avec une belle maîtrise des épices, piments et herbes... Intéressante carte des vins, mettant en valeur les vignobles méridionaux (Israël, Liban, Italie, Espagne...).

Carte 42/65 €

9 rue d'Alger (1er)
TEL. 01 40 20 72 14
www.balagan-paris.com
Ⓜ **Tuileries**

Fermé dimanche midi

♿ A/C

🍴○
Cuisine moderne •
Contemporain

BALTARD AU LOUVRE

Installée dans l'ancien pavillon Baltard, avec une vue imprenable sur l'église St-Eustache, voici la dernière adresse de l'équipe de Zébulon et de Pirouette (dans le 1er également). Jeux de textures, beaux produits, élégance des assiettes : une partition de qualité, dans un esprit brasserie haut-de-gamme qui ne manque pas d'aficionados...

Menu 30 € (déjeuner), 39/46 €

9 rue Coquillère (1er)
TEL. 09 83 32 01 29
www.baltard.com
Ⓜ **Les Halles**

Fermé 5-18 août, dimanche soir

⪡ 🏠 ♿ 🛋

🍴○
Cuisine traditionnelle •
Brasserie

CHAMPEAUX

Le restaurant Champeaux, immortalisé par Zola, était situé place de la Bourse, non loin des Halles. Devenue brasserie contemporaine sous la canopée, il appartient à la galaxie Ducasse. Pâté en croûte, œufs mimosa, soufflés salés et sucrés, canard de Challans à l'orange pour deux, sans oublier les savoureux desserts au chocolat de la maison... Service toute la journée, avec carte réduite l'après-midi.

Menu 34 € (déjeuner) – Carte 40/90 €

La Canopée (Forum des Halles-Porte Rambuteau) (1er)
TEL. 01 53 45 84 50
www.restaurant.champeaux.com
Ⓜ **Les Halles**

🏠 ♿ A/C 🛋

🍴○
Grillades • *Tendance*

CLOVER GRILL

D'appétissantes viandes maturées – noire de la Baltique, bœuf de Bavière, blonde d'Aquitaine, Black Angus – trônent en vitrine comme autant de pierres précieuses, à dévorer d'abord du regard... avant de les engloutir pour de bon ! De l'entrée au dessert, tout est cuit à la braise ou à la broche, ce qui donne à ce moment une saveur particulière. Une réussite.

Menu 69 € – Carte 50/130 €

6 rue Bailleul (1er)
TEL. 01 40 41 59 59
www.jeanfrancoispiege.com
Ⓜ **Louvre-Rivoli**

♿ A/C

Cuisine italienne • Tendance

LOULOU

Le restaurant italien du musée des Arts décoratifs enchante les jardins du Louvre. C'est chic, cosy, et savoureux – risotto du jour, carpaccio de poisson, cochon de lait croustillant, etc. Le service, stylé et professionnel, comme l'élégante terrasse, ajoutent à l'exquise expérience.

Carte 40/90 €

107 rue Rivoli (musée des Arts Décoratifs) (1er)
TEL. 01 42 60 41 96
Ⓜ **Palais Royal**

Cuisine moderne • Convivial

PIROUETTE

À deux pas de la nouvelle «canopée» des Halles, sur une petite place tranquille avec terrasse, une adresse contemporaine aux airs de loft gourmand. Le chef François-Xavier Ferrol, nouvellement arrivé, joue avec les recettes traditionnelles de la cuisine française, y ajoutant espièglerie et pirouettes, à l'instar de ces gnocchis cacahuète croustillants et fondants, chorizo et cèpes.

Menu 45 € (déjeuner), 65 €

5 rue Mondétour (1er)
TEL. 01 40 26 47 81
www.restaurantpirouette.com
Ⓜ **Châtelet-Les Halles**

Fermé 4-25 août, dimanche

Cuisine traditionnelle • Vintage

LA RÉGALADE ST-HONORÉ

Bruno Doucet régale toujours les épicuriens du quartier des Halles avec des recettes à la gloire du terroir et du marché. Après avoir patienté avec la délicieuse terrine du chef, régalez-vous de girolles poêlées au jus de viande et œuf poché, ou d'un pigeonneau rôti à la broche… sans oublier l'emblématique riz au lait et soufflé chaud.

Menu 41 €

123 rue Saint-Honoré (1er)
TEL. 01 42 21 92 40
www.laregalade.paris
Ⓜ **Louvre Rivoli**

Fermé 5-26 août

Cuisine chinoise • Cosy

TAOKAN - ST-HONORÉ

Tao, c'est la voie, le chemin ; Kan, signifie «prendre soin» : TaoKan, c'est le lieu où l'on honore les saveurs de la gastronomie cantonaise, avec en prime quelques plats vietnamiens et thaïlandais. Citons par exemple ces raviolis pékinois grillés, ces dim sum, ou encore ces crevettes royales poêlées aux herbes fraîche et poivre… On se régale.

Menu 28 € (déjeuner) – Carte 35/70 €

1 rue Mont-Thabor (1er)
TEL. 01 42 61 97 88
www.taokan.fr
Ⓜ **Tuileries**

Fermé dimanche midi

B. Rieger/hemis.fr

2ᵉ

BOURSE • SENTIER

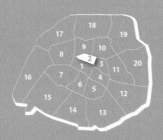

Menu 120 € (déjeuner), 180/240 €

53 passage des Panoramas (2ᵉ)
TEL. 01 42 33 04 35
www.passage53.com
 Grands Boulevards

Fermé lundi, dimanche

✿ ✿
Cuisine créative • Intime

PASSAGE 53

Alors qu'au 19ᵉ s. les coquettes ne juraient que par eux, les passages couverts sont tombés dans une douce désuétude : celui des Panoramas (1800) porte un peu de l'histoire de ce Paris en noir et blanc. Sauf au n° 53. Iconoclaste, ce restaurant offre l'occasion d'une expérience rare. La salle est minuscule, étroite et immaculée – murs chaulés, banquettes et fauteuils crème aux reflets irisés). On s'y installe sans cérémonial, mais avec cérémonie : à la première bouchée, le « menu du marché » (annoncé de vive voix en début de repas) ouvre sur des contrées insoupçonnées.

Une gageure soutenue par Shinichi Sato, jeune chef d'origine japonaise, formé notamment auprès de Pascal Barbot (L'Astrance). Il délivre une cuisine où l'épure le dispute à la finesse, et à l'inspiration : on sautille de bouchées en petits plats, avec un enthousiasme presque juvénile. Asperges blanches, sabayon au comté, jus de viande ; Turbot, huître Perle Blanche, sauce vin jaune ; Langoustine crue, gelée de Konbu, radis rose... Panorama de saveurs saisissantes : le passage, assurément, emmène loin.

À LA CARTE...
Cuisine du marché

❀

Cuisine moderne • Design

ACCENTS TABLE BOURSE

«L'accent nous indique l'origine de la personne ; il nous renseigne sur son pays, sa région et son histoire. C'est cette idée d'ouverture et de découverte que je veux défendre, une cuisine faite de rencontres et d'échanges » : ainsi s'exprime Ayumi Sugiyama, chef pâtissière japonaise et patronne de cette nouvelle adresse proche de la Bourse. On s'installe dans un agréable cadre contemporain, au mobilier design d'esprit scandinave. Les assiettes marient recettes classiques (le lièvre à la royale en saison est un enchantement) et créations plus piquantes, à l'instar de ce turbot sauvage, radis, shiimeji, citron et jus d'herbes. Les saveurs sont plaisantes, les préparations toujours précises. Un excellent crémeux praliné, glace café, riz soufflé-caramélisé, bulle cacahuète, émulsion banane finit de mettre l'accent sur l'impeccable expérience. Service fort aimable et professionnel.

À LA CARTE...
Cuisine du marché

Menu 39 € (déjeuner), 62/73 € – Carte 43/62 €

24 rue Feydeau (2ᵉ)
TEL. 01 40 39 92 88
www.accents-restaurant.com
Ⓜ **Bourse**

Fermé 1ᵉʳ-31 juillet, lundi, dimanche

♿ Ⓐ/ⒸC

✿

Cuisine moderne · Élégant

ERH

Menu 35 € (déjeuner), 85/120 €

11 rue Tiquetonne (2ᵉ)
TEL. 01 45 08 49 37
www.restaurant-erh.com
Ⓜ Étienne Marcel

Fermé 5-18 août, lundi, dimanche

A/C

E, R et H comme Eau, Riz, Hommes : intitulé aussi mystérieux que poétique pour cette table atypique, qui compagnonne avec une boutique de sakés et un bar à whisky. Le chef japonais Keita Kitamura (ancien de chez Pierre Gagnaire, entre autres) concocte une cuisine française du marché ciselée et savoureuse avec une prédilection pour les légumes et les poissons. Il ne se prive pas de décocher quelques impressionnantes flèches gourmandes, pour un prix tout doux au déjeuner (menus 3 ou 5 plats), et des menus dégustation au dîner, composés au gré de la saison. Possibilité d'opter pour les accords mets et sakés. Le client découvre une étonnante salle à manger contemporaine sous une grande verrière, assorti d'un long comptoir devant la cuisine ouverte, où, comme au Japon, officie le chef nippon. C'est l'adresse à essayer entre le quartier des Halles et celui de Montorgueil. Quel talent, quel caractère !

À LA CARTE...
Cuisine du marché

Michelin

Cuisine moderne • *Convivial*

FRENCHIE

Drôlement Frenchy, le chef Grégory Marchand, lui qui a fait ses classes dans plusieurs grandes tables anglo-saxonnes (Gramercy Tavern à New York, Fifteen – par Jamie Oliver – à Londres, Mandarin Oriental à Hong Kong....). Il a aujourd'hui pris ses quartiers rue du Nil, dans ce restaurant de poche, au cœur du Sentier : la petite salle (briques, poutres, pierres apparentes, vue sur les fourneaux) ne désemplit pas, les stars s'y pressent, le murmure des gourmandises ouvre l'appétit. La «faute» à sa cuisine, qui partage tout du goût international contemporain, avec des associations de saveurs originales, centrées sur le produit, et des accords mets et vins particulièrement judicieux. Laissez-vous guider, c'est exquis.

À LA CARTE...

Asperges biscornues, jaune d'œuf fumé, crème de parmesan et orge soufflé • Poulette, polenta de maïs frais et tomate marinée à la marjolaine • Citron meyer, romarin et olives de Kalamata

Menu 48 € (déjeuner), 78 €

5 rue du Nil (2ᵉ)
TEL. 01 40 39 96 19
www.frenchie-restaurant.com
Ⓜ **Sentier**

Fermé 3-21 août,
22 décembre-2 janvier, lundi midi,
mardi midi, mercredi midi, samedi,
dimanche

A/C

Cuisine créative • Élégant

PUR' - JEAN-FRANÇOIS ROUQUETTE

Deux restaurants contemporains au Park Hyatt : SENS à l'heure du déjeuner et Pur', plus feutré, pour un bien agréable dîner. Ce dernier est évidemment à l'image de l'hôtel de la rue de la Paix, où luxe signifie raffinement, modernité et discrétion. Confiée à l'imagination d'Ed Tuttle, la décoration crée une atmosphère à la fois confortable et confidentielle, avec seulement 35 couverts. Tout est pensé dans les moindres détails : les harmonies de couleurs, l'éclairage jusqu'à l'espace lui-même – vaste rotonde surmontée d'une coupole et cerclée d'une colonnade. Jean-François Rouquette (Taillevent, le Crillon, la Cantine des Gourmets, les Muses) trouve ici un lieu à sa mesure pour exprimer la grande maîtrise de son talent. Sa cuisine, créative et inspirée, accorde avec finesse d'excellents produits. Un « pur » plaisir !

À LA CARTE...

Ormeaux dorés au beurre d'algue, artichaut poivrade, vadouvan, tobiko • Turbot doucement étuvé, jus beurré de moules, huile de fleurs • Fine feuille de chocolat « crunchy », parfait glacé au riz, sauce cacao au vinaigre sakura

Menu 145/185 € – Carte 145/250 €

5 rue de la Paix (2ᵉ)
TEL. 01 58 71 10 60
www.paris-restaurant-pur.fr
Ⓜ Opéra

Fermé 3-31 août, lundi midi, mardi midi, mercredi midi, jeudi midi, vendredi midi, samedi midi, dimanche midi

Pur' - Jean-François Rouquette • Olivier Decker/Michelin

Carte 40/60 €

8 passage des Panoramas (2e)
TEL. 01 40 13 06 41
www.racinesparis.com
Ⓜ Grands Boulevards

Fermé 3-30 août, samedi, dimanche

Cuisine italienne • Bistro

RACINES

Après plusieurs années à la tête de Roseval, dans le vingtième arrondissement, Simone Tondo, jeune chef d'origine sarde, a repris ce bistrot qu'il a judicieusement transformé en «osteria» à l'ancienne. L'ardoise du jour présente un choix de recettes italiennes, confectionnées avec les meilleurs produits du moment et mises en scène avec un savant mélange de simplicité et de subtilité. Tout est parfumé et plaisant. L'agréable antithèse des cuisines compliquées et tordues.

À LA CARTE...
Vitello tonnato • Tagliolini à la saucisse au fenouil • Tiramisu

Menu 50 € (déjeuner), 90 €

17 rue Notre-Dame-des-Victoires (2ᵉ)

TEL. 01 42 60 31 90
www.saturne-paris.fr
◎ **Bourse**

Fermé 22 décembre-7 janvier, samedi, dimanche

 A/C

Cuisine créative · Branché

SATURNE

Saturne : dieu de l'agriculture et anagramme de «natures»... Une bien jolie enseigne, qui dit tout : le chef, Sven Chartier, formé auprès d'Alain Passard à l'Arpège (7ᵉ arrondissement), et son associé, Ewen Le Moigne, sommelier de son état, partagent l'amour du bon produit. Vins naturels, petits producteurs, respect des saisons : Saturne compile tout cela, et bien plus encore ! Encornets à la verveine, lard ; agneau de lait, pâte d'ail noir, noix vertes, oignons fumés et endives au beurre noisette ; chocolat, sarrasin, noisette, foin... Les assiettes sont pleines de saveurs, les accords mets-vins harmonieux... Quant à l'atmosphère, résolument moderne, elle affirme fièrement ses influences scandinaves (mobilier en bois blond, béton ciré). Oui, on peut faire tendance et savoureux !

À LA CARTE...

Foie gras grillé au barbecue et galette de courges • Poularde grillée, safran et feuille de figuier • Lait d'amande, fruits rouges et géranium

Saturne • Michelin

❀ Cuisine japonaise · Épuré

SUSHI B

Aux abords du très agréable square Louvois, ce restaurant de poche (8 places seulement) mérite que l'on s'y attarde. Son cadre, tout d'abord, est zen et dépouillé – fauteuils en tissus, comptoir élégant, verreries fines, serviettes en coton blanc, baguettes d'une belle finesse... Le marbre est omniprésent jusque dans les toilettes – japonaises, évidemment !
Mais on vient surtout ici pour constater par soi-même le grand talent du chef : en excellent artisan, il ne travaille que des produits de qualité et de première fraîcheur, avec une précision chirurgicale. Il faut voir, par exemple, la qualité d'exécution de ses sushis et makis, dont les saveurs cavalent en bouche, sans jamais d'excès de soja ou de wasabi : le sens de la mesure personnifié. Les autres plats sont équilibrés, les textures complémentaires. Une adresse fort agréable.

À LA CARTE...
Cuisine du marché

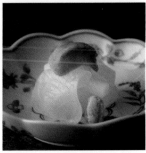

Menu 58 € (déjeuner),
130/160 €

5 rue Rameau (2e)
TEL. 01 40 26 52 87
www.sushi-b-fr.com
Ⓜ Bourse

Fermé 1er-8 janvier, 1er-9 mai,
1er-19 août, lundi, mardi

Cuisine moderne • *Tendance*

DÉPÔT LÉGAL

Un nouveau restaurant mené par Christophe Adam, chef pâtissier au parcours impeccable (le Gavroche à Londres, le Crillon et Fauchon à Paris). Ce lieu atypique, situé dans un angle de l'ancien hôtel Colbert, est ouvert de 8h à 23h, du petit-déjeuner au dîner. Côté papilles, des assiettes à partager, à l'instar du ceviche de bar à la patate douce et aux agrumes ou du croque-Vivienne au fromage frais et à la truffe noire. A l'entrée, un grand comptoir vitré présente les pâtisseries dont de nombreux éclairs, spécialité de la maison. Atypique, tendance et gourmand. Attention, pas de réservation le midi, et brunch le dimanche.

À LA CARTE...
Burrata crémeuse, tomates, pastèque et fraises • Croque Vivienne • « 1000 feuilles mouillettes »

Carte 30/45 €

6 rue des Petits-Champs (2ᵉ)
TEL. 01 42 61 67 07
www.depotlegalparis.com
Ⓜ **Bourse**

Fermé dimanche soir

Cuisine moderne • *Simple*

ITACOA

Itacoa, c'est le nom d'une plage brésilienne, sauvage et somptueuse, non loin de laquelle a grandi Rafael Gomes. Ce jeune chef pétri de talent, qu'on a connu inspiré et inspirant au Grandcœur de Mauro Colagreco (à Paris également), compose ici une cuisine du marché décomplexée, avec de nombreux hommages à ses origines sud-américaines. Salade d'avocat et de petit épeautre ; lieu jaune aux carottes, oranges et gingembre : c'est bon, c'est frais, et c'est surtout diablement original. Le tout dans le respect des saisons, en partenariat avec des petits producteurs triés sur le volet : carton plein.

À LA CARTE...
Truite de Banka fumée • Solomillo ibérique • Crémeux au chocolat blanc

Carte 28/44 €

185 rue St-Denis (2ᵉ)
TEL. 09 50 48 35 78
www.itacoa.paris
Ⓜ **Réaumur-Sébastopol**

Fermé lundi, mardi, dimanche soir

Cuisine traditionnelle • Bistro

L'OSEILLE

Pierre Lecoutre fait parler son expérience (l'Atlantide, à Nantes, le Dôme du Marais et le Café des Musées, à Paris) dans cet établissement à quelques pas de la Bourse. Pour l'allure, c'est le bistrot chic dans toute sa splendeur, avec comptoir, cave vitrée, chaises en bois et banquettes de rigueur. Dans l'assiette, les saisons défilent sous la forme d'une carte courte, avec petites entrées à partager, et de généreux plats et desserts : citons notamment cette mitonnée d'escargots et oreille de cochon ; ce poisson du jour au beurre monté et légumes de saison ; ou encore cet œuf à la neige aux amandes caramélisées... Gourmandise et simplicité sont les maîtres-mots de cette belle adresse.

À LA CARTE...

Mitonnée d'escargots et oreille de cochon • Poisson du jour au beurre monté et légumes de saison • Œuf à la neige aux amandes caramélisées

Menu 29 € (déjeuner), 37 € – Carte 31/41 €

3 rue St-Augustin (2ᵉ)
TEL. 01 45 08 13 76
www.loseille-bourse.com
Ⓜ **Bourse**

Fermé 12 août-1ᵉʳ septembre, samedi, dimanche

♿ A/C

Cuisine italienne • Contemporain

RESTAURANT DES GRANDS BOULEVARDS

Le style est le maître mot de cette table, au sein de l'Hôtel des Grands Boulevards : sous la verrière centrale, une déco moderne et tendance, très «été sur la Riviera»... Quant à la partition culinaire, elle fleure bon l'Italie, sous la direction de l'estimable et estimé Giovanni Passerini (chef du restaurant qui porte son nom, dans le 12ᵉ arrondissement). Lorsqu'il revisite par exemple un plat populaire toscan – gnudi aux herbes et parmesan –, on s'incline devant cette leçon de simplicité et de gourmandise. Dernier atout : le service, à la fois efficace et chaleureux.

À LA CARTE...

Gnudi aux herbes et parmesan • Mezze maniche all'amatriciana • Pannacotta et granité d'oranges sanguines

Menu 27 € (déjeuner) – Carte 35/60 €

17 boulevard Poissonnière (2ᵉ)
TEL. 01 85 73 33 32
www.grandsboulevardshotel.com
Ⓜ **Grands Boulevards**

♿ A/C ♿

Cuisine Lyonnaise • Bistro

AUX LYONNAIS

Dans ce bistrot fondé en 1890, au cadre délicieusement rétro, on se régale d'une savoureuse cuisine qui explore la gastronomie lyonnaise. Ainsi le tablier de sapeur, la quenelle de brochet sauce Nantua, le foie de veau en persillade, ou l'île flottante aux pralines roses.

Menu 34 € (déjeuner), 35 € – Carte 44/60 €

32 rue St-Marc (2ᵉ)
TEL. 01 42 96 65 04
www.auxlyonnais.com
Ⓜ Richelieu Drouot

**Fermé 28 juillet-27 août,
23 décembre-2 janvier, lundi, samedi midi,
dimanche**

Cuisine moderne • Élégant

BISTRO VOLNAY

Miroirs et comptoir en bois : cet élégant bistrot revisite l'esprit des années 1930. Le chef compose des recettes goûteuses, jouant des associations vin et poivre (avec une sélection de plus de 30 poivres du monde entier). Ici, le best-seller des desserts est le coulant au chocolat de Samana accompagné d'une glace au poivre (forcément!) et de noix de pécan caramélisées. On accompagne son repas d'une belle sélection de vins au verre, avec près de 400 références.

Menu 40 € (déjeuner), 68 € – Carte 50/72 €

8 rue Volney (2ᵉ)
TEL. 01 42 61 06 65
www.bistro-volnay.fr
Ⓜ Opéra

**Fermé 3-26 août, 22 décembre-2 janvier,
samedi, dimanche**

Cuisine traditionnelle • Bistro

LA BOURSE ET LA VIE

Ce bistrot tenu par un chef américain connaît un franc succès. Sa recette ? Des plats biens français, sagement revisités par le maître des lieux, des produits de qualité et des saveurs ô combien plaisantes...

Carte 52/70 €

12 rue Vivienne (2ᵉ)
TEL. 01 42 60 08 83
www.labourselavie.com
Ⓜ Bourse

Fermé 3-26 août, samedi, dimanche

---

*Poissons et fruits de mer •
Élégant*

LA FONTAINE GAILLON

Ce bel hôtel particulier du 17ᵉ s., qui appartient au comédien Gérard Depardieu, est une vraie fontaine de plaisirs... Cadre feutré (avec une belle collection d'estampes et de dessins), terrasse au pied de la fontaine, cuisine valorisant la mer et plaisante sélection de vins.

Menu 55 € (déjeuner) – Carte 80/120 €

place Gaillon (2ᵉ)
TEL. 01 47 42 63 22
Ⓜ Quatre Septembre

Fermé samedi, dimanche

⊮○

Cuisine du Sud-Ouest •
Contemporain

JÒIA PAR HÉLÈNE DARROZE

La toute nouvelle table d'Hélène Darroze joue ici la convivialité autour de plats puisés dans la mémoire de son Sud-Ouest natal, avec de jolis clins d'œil aux Landes, au Pays Basque et au Béarn. Saveurs marquées, produits de qualité : un sympathique hommage à la cuisine familiale de la maison Darroze, que concoctait son père à Villeneuve de Marsan. Nostalgie, quand tu nous tiens...

Menu 29 € (déjeuner) – Carte 40/67 €

39 rue des Jeûneurs (2ᵉ)
TEL. 01 40 20 06 06
www.joiahelenedarroze.com
Ⓜ Grands Boulevards

⊡

⊮○

Cuisine libanaise • *Tendance*

LIZA

Originaire de Beyrouth, Liza Asseily met ici la cuisine de son pays à l'honneur. Dans un décor contemporain parsemé de touches orientales, on opte pour un chich taouk, ou pour un kafta méchouiyé (agneau, houmous et tomates confites)... Le soir, les menus dégustation sont servis à la libanaise, c'est à dire avec une générosité proverbiale : un régal !

Menu 38/48 € – Carte 40/50 €

14 rue de la Banque (2ᵉ)
TEL. 01 55 35 00 66
www.restaurant-liza.com
Ⓜ Bourse

Fermé dimanche soir

🄰🄲

⊮○

Cuisine thaïlandaise •
Convivial

MONSIEUR K

Si le chef n'est pas un véritable passionné de l'Asie, on ne s'y connaît pas : fureteur incessant, il a tout goûté en Thaïlande, du nord au sud du pays, pour pouvoir reproduire à l'identique les meilleurs plats. Le garçon est un perfectionniste pour la bonne cause : son pad thaï est savoureux.

Menu 27 € (déjeuner), 39 € – Carte 30/50 €

10 rue Marie-Stuart (2ᵉ)
TEL. 01 42 36 01 09
www.kapunkaparis.com
Ⓜ Sentier

Fermé dimanche

⊮○

Cuisine italienne • *Élégant*

MORI VENICE BAR

Installez-vous face à la Bourse ou au comptoir pour savourer les grandes spécialités de la cuisine vénitienne, et du nord-est de l'Italie. Le décor, signé Starck, évoque le raffinement vénitien. Massimo Mori, patron du restaurant étoilé Armani, choisit les produits, avec une attention portée au terroir : araignée de mer, foie de veau jusqu'aux délicieuses glaces à agrémenter de noisettes du Piémont !

Menu 44 € (déjeuner), 60 € – Carte 60/130 €

27 rue Vivienne (2ᵉ)
TEL. 01 44 55 51 55
www.mori-venicebar.com
Ⓜ Bourse

Fermé samedi midi, dimanche

🙖 🚡 ♿ 🄰🄲

🍴⃝

Cuisine régionale • Bistro

LA PASCADE

Cette «cantine-auberge» récemment re-
prise par Bruno Doucet (qui possède les
restaurants La Régalade), rend hommage
à l'Aveyron, à travers l'une de ses spécialités : la pascade, une délicieuse crêpe
déclinée tout au long du menu en salé et
sucré, et garnie de bons produits, version
gastronomique. C'est top.

Menu 34 € – Carte 38/58 €

14 rue Daunou (2ᵉ)
TEL. 01 42 60 11 00
www.lapascade.com
Ⓜ Opéra

Fermé 11-31 août, dimanche

 ♿ A/C

—————————

🍴⃝

Cuisine moderne • Élégant

LE VERSANCE

Un cadre épuré où poutres, vitraux et mobilier design font des étincelles. La cuisine
du chef globe-trotter n'est pas en reste, à
l'instar de ces Saint-Jacques rôties, bouillon de sarrasin et wakame… En face, une
épicerie fine propose sandwiches maison,
et produits rigoureusement sélectionnés.

Menu 43 € (déjeuner) – Carte 75/90 €

16 rue Feydeau (2ᵉ)
TEL. 01 45 08 00 08
www.leversance.fr
Ⓜ Bourse

**Fermé 5-25 août, lundi, samedi midi,
dimanche**

 ☂ A/C

Adam Calaitzis/iStock

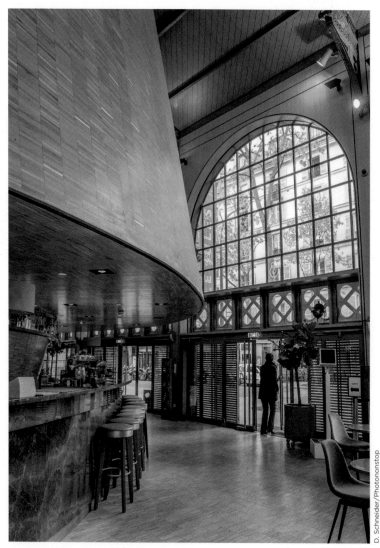

3ᵉ

LE HAUT MARAIS •
TEMPLE

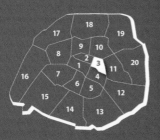

🍴

Cuisine sud-américaine •
Tendance

ANAHI

Depuis son ouverture, c'est LA table à ne pas manquer dans le haut Marais... et pour cause. On y goûte des viandes exceptionnelles, cuites à la braise et assaisonnées d'une excellente marinade aux herbes... Pour la petite histoire, le lieu était une boucherie dans les années 1920, comme le rappelle l'élégante verrière Art déco du plafond, et les faïences d'époque.

Carte 55/125 €

49 rue Volta (3e)
TEL. 01 83 81 38 00
www.anahi-paris.com
Ⓜ **Temple**

Fermé 29 juillet-18 août, lundi midi, mardi midi, mercredi midi, jeudi midi, vendredi midi

---

🍴

Cuisine classique • *Luxe*

ANNE Ⓝ

L'appellation rend hommage à Anne d'Autriche, reine de France et épouse de Louis XIII. On se délecte d'une cuisine classique très soignée, dans le cadre intimiste et romantique du salon bibliothèque ou sur la superbe cour-jardin verdoyante, aux beaux jours. Très beau choix de vins. Une adresse huppée.

Menu 95 € – Carte 78/123 €

28 place des Vosges (3e)
TEL. 01 40 29 19 19
www.pavillon-de-la-reine.com/fr
Ⓜ **Bastille**

Fermé lundi, mardi, dimanche midi

🏠 ♿ AC 🦺

🍴

Cuisine bretonne • *Simple*

BREIZH CAFÉ - LE MARAIS

Après avoir conquis le Japon avec ses crêperies nouvelle mode (farines bio, bons produits), Bertrand Larcher a ramené en France des crêpiers nippons ! Ils défendent joliment le slogan maison : «La crêpe autrement.» Un exemple ? La basquaise : asperges, tomate, chorizo, basilic et fromage fondu. Voilà qui ne tombe pas à plat !

Carte 25/38 €

109 rue Vieille-du-Temple (3e)
TEL. 01 42 72 13 77
www.breizhcafe.com
Ⓜ **St-Sébastien Froissart**

🍴

Cuisine moderne • *Bistro*

LES ENFANTS ROUGES Ⓝ

A l'origine, un chef d'origine japonaise, ayant fait son apprentissage chez Yves Camdeborde et Stéphane Jégo. A l'arrivée, un beau bistrot parisien, situé au cœur du haut marais, proposant une savoureuse cuisine du marché à la française. Pâté de campagne de canard au sang, thon rouge tataki à la plancha laqué au gingembre, baba au rhum et chantilly, etc... Et cerise sur le gâteau, c'est ouvert le week-end ! N'attendez plus.

Menu 38 € (déjeuner), 50/75 €

9 rue de Beauce (3e)
TEL. 01 48 87 80 61
www.les-enfants-rouges.fr
Ⓜ **Filles du Calvaire**

Fermé mardi, mercredi

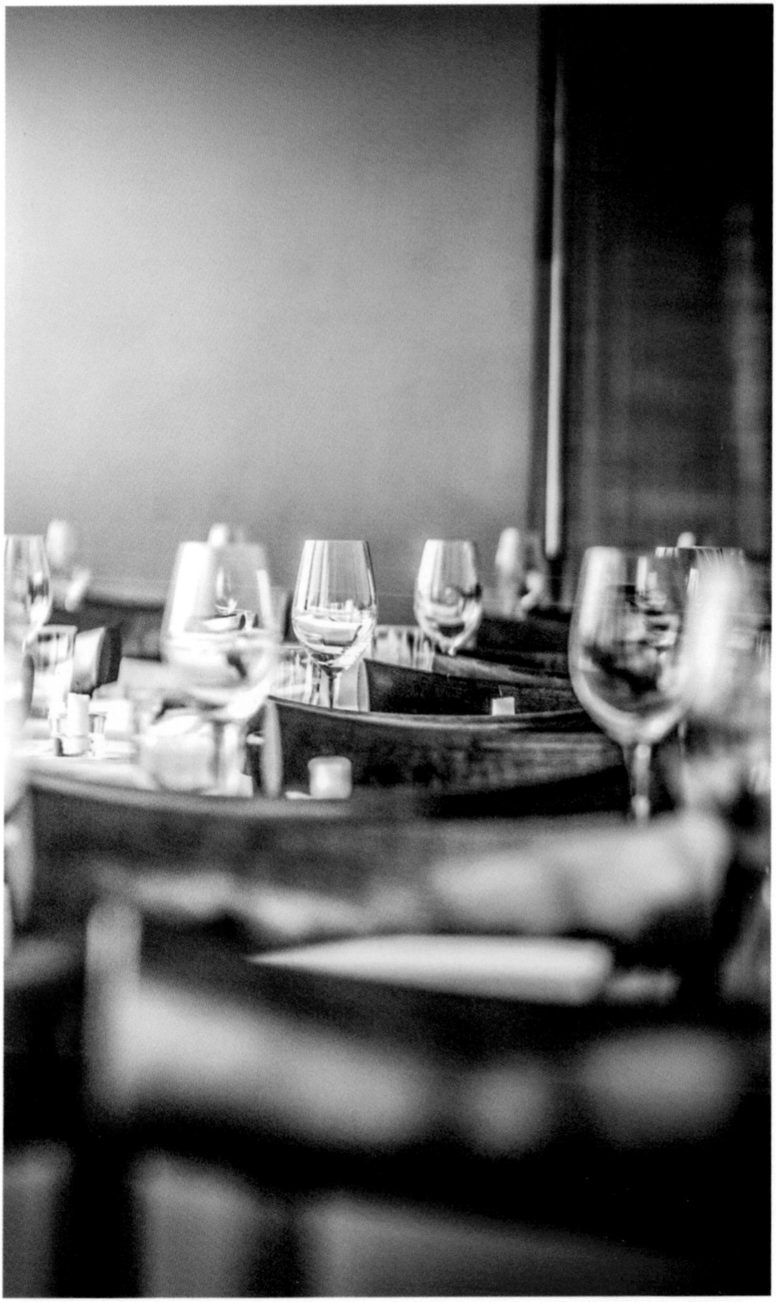

deepblue4you/iStock

B. Gardel/hemis.fr

4ᵉ

ÎLE DE LA CITÉ • ÎLE ST-LOUIS • LE MARAIS • BEAUBOURG

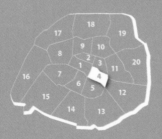

Carte 210/340 €

9 place des Vosges (4ᵉ)
TEL. 01 42 78 51 45
www.ambroisie-paris.com
 St-Paul

Fermé 24 février-11 mars,
28 avril-6 mai, 4-26 août, lundi,
dimanche

❀❀❀
Cuisine classique • Luxe

L'AMBROISIE

Ambroisie : « Nourriture des dieux de l'Olympe, source d'immortalité » et, par extension, « Nourriture exquise ». Tout est dit ! Que peut-on donc ajouter pour décrire les créations de Bernard Pacaud, dont la qualité n'a d'égale que sa modestie ? L'homme est un taiseux : ça tombe bien, sa cuisine parle pour lui.

Dans sa demeure quasi florentine de la place des Vosges – miroirs anciens, immense tapisserie, sol en marbre blanc et noir, un décor sublime –, il continue de nous bluffer par sa régularité, et par le supplément d'âme qu'il insuffle en permanence à son travail. Dans ses assiettes, simples en apparence, chaque élément est posé avec certitude, à la façon d'une toile de maître. Il suffit de se laisser emporter : l'émotion affleure partout.

Lors de notre dernier passage, exceptionnelle fricassée de homard sauce civet et mousseline saint-germain, inoubliables Saint-Jacques aux poireaux, pomme de terre et truffe ; côté dessert, superbe tarte fine sablée au cacao amer et glace vanille. C'est émouvant, c'est grandiose... et c'est surtout très bon.

À LA CARTE...

Feuillantine de langoustines aux graines de sésame, sauce curry • Escalopines de bar à l'éminché d'artichaut, nage réduite, caviar oscètre • Tarte fine sablée au cacao amer, crème glacée à la vanille

Cuisine classique • Bistro

BENOIT

Pour retrouver l'atmosphère d'un vrai bistrot parisien, poussez donc la porte du 20, rue St-Martin. C'est ici, en plein cœur de Paris, que l'enseigne vit le jour dès 1912, du temps des Halles populaires. À l'origine bouchon lyonnais, le bistrot est resté dans la famille Petit pendant trois générations, lesquelles ont façonné et entretenu son charme si désuet. Belle Époque, plus exactement : boiseries, cuivres, miroirs, banquettes en velours, tables serrées les unes contre les autres... Chaque élément, jusqu'aux assiettes siglées d'un «B», participe au cachet de la maison. Rien à voir avec les ersatz de bistrots à la mode ! Et si l'affaire a été cédée au groupe Ducasse (2005), elle a préservé son âme. Traditionnelles à souhait, les recettes allient produits du terroir, justesse des cuissons et générosité. Les habitués le savent bien : «Chez toi, Benoît, on boit, festoie en rois.» Surtout si l'on pense aux plats canailles que tout le monde connaît, mais que l'on ne mange quasiment jamais... sauf ici.

À LA CARTE...

Langue de bœuf Lucullus, cœur de romaine à la crème moutardée • Sauté gourmand de ris de veau, crêtes et rognons de coq, foie gras et jus truffé • Profiteroles Benoit, sauce chocolat chaud

Menu 39 € (déjeuner) – Carte 70/100 €

20 rue St-Martin (4ᵉ)
TEL. 01 42 72 25 76
www.benoit-paris.com
Ⓜ Châtelet-Les Halles

Fermé 28 juillet-26 août

Cuisine créative • Cosy

RESTAURANT H

Menu 35 € (déjeuner), 60/80 €

13 rue Jean-Beausire (4ᵉ)
TEL. 01 43 48 80 96
www.restauranth.com
Ⓜ Bastille

**Fermé 1ᵉʳ-7 mai, 30 juillet-20 août,
lundi, dimanche**

À la recherche de belles surprises gastronomiques dans les environs de la Bastille ? On a ce qu'il vous faut : « H », comme Hubert Duchenne, jeune chef passé chez Akrame Benallal, et Jean-François Piège, au Thoumieux. Tout commence par une devanture élégante et engageante, qu'on traverse pour entrer dans cette demeure assez discrète.

Là, c'est le minimalisme même : vingt couverts à peine, pour cette salle à manger du genre intime, au cadre aussi chic que cosy. Puis, très vite, quelle jolie découverte dans l'assiette ! On se régale d'un menu unique sans choix et bien ficelé, dans lequel les recettes, bien maîtrisées, vont toujours à l'essentiel. Vous réclamez des preuves ? Cette alliance de moules, crème de persil et salicorne devrait faire l'affaire, tout comme ce maigre, amarante et sarrasin... C'est inventif et très maîtrisé : on se régale, d'autant que les produits utilisés sont d'excellente qualité.

À LA CARTE...
Cèpe en feuille de figuier et figue confite • Lieu jaune, amarente, écume d'un beurre noisette • Autour du café vert, citron, noisette

🍴
Cuisine moderne • *Bistro*

CAPITAINE ⓝ

L'arrière-grand-père du chef, d'origine bretonne, était capitaine au long cours... Le capitaine, désormais, c'est lui : Baptiste Day, qui après avoir fréquenté les cuisines de grands restaurants (L'Ambroisie, L'Arpège, et l'Astrance) a décidé de prendre le large à bord d'un sympathique bistrot, et nous régale d'une très jolie cuisine du marché, ancrée dans son époque. Produits frais et de qualité, préparations goûteuses : une adresse percutante.

Menu 27 € (déjeuner), 38/64 € – Carte 42/51 €

4 impasse Guéménée (4ᵉ)
TEL. 01 44 61 11 76
Ⓜ Bastille

Fermé lundi, mardi midi, dimanche

🍴
Cuisine japonaise • *Épuré*

ISAMI

Isami est renommé auprès des Japonais, qui savent où se rendre pour manger «comme chez eux»... Derrière son bar, Katsuo Nakamura réalise en effet des merveilles de sushis et de chirashis, démontrant une maîtrise fascinante des couteaux au service de produits ultrafrais. Un must parmi les adresses nippones de la capitale.

Carte 45/95 €

4 quai Orléans (4ᵉ)
TEL. 01 40 46 06 97
Ⓜ Pont Marie

Fermé 1ᵉʳ-31 août, lundi, dimanche

ⒶⒸ

🍴
Cuisine israélienne • *Vintage*

TAVLINE

Un petit bout de Tel-Aviv entre Saint-Paul et Hôtel de Ville, un zeste de Maroc, un soupçon de Liban. Telle est la recette de Tavline, où les épices, provenant du «Shuk Ha'Carmel», le plus grand marché de Tel-Aviv, agrémentent une cuisine fine, dont ce mémorable memoulaïm (oignons farcis d'agneau), recette héritée de la mère du chef.

Carte 28/36 €

25 rue du Roi-de-Sicile (4ᵉ)
TEL. 09 86 55 65 65
www.tavline.fr
Ⓜ St-Paul

Fermé 1ᵉʳ-31 août, lundi, dimanche

5ᵉ

QUARTIER LATIN • JARDIN DES PLANTES • MOUFFETARD

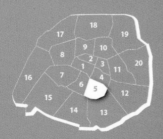

Menu 55 € (déjeuner),
95/185 € – Carte 91/155 €

5 rue de Poissy (5ᵉ)
TEL. 01 75 51 57 54
www.restaurant-alliance.fr
Ⓜ **Maubert Mutualité**

**Fermé 29 juillet-19 août, samedi,
dimanche**

A|C

🕸

Cuisine moderne • Contemporain

ALLIANCE

Apparu entre les quais de la rive gauche et le boulevard St-Germain, ce restaurant célèbre l'Alliance de Shawn et Toshi, deux anciens de l'Agapé (respectivement maître d'hôtel et cuisinier), désormais complices dans cette nouvelle aventure. Il ne faut pas compter sur Toshitaka Omiya, le chef, pour donner dans l'esbroufe ou l'artificiel : sa cuisine s'appuie sur de beaux produits de saison et va à l'essentiel, tant visuellement que gustativement.

Pomme de terre Allians ; tourteau, bergamote et thé Earl Grey ; ou encore foie gras, légumes en pot-au-feu et bouillon de canard, qui s'affirme déjà comme la spécialité de la maison... De vrais éclairs de simplicité, des mélanges subtils et bien exécutés : c'est du (très) sérieux. Un mot enfin sur la salle épurée, aux subtiles touches nipponnes : on s'y sent bien, d'autant qu'elle offre une jolie vue sur les fourneaux.

À LA CARTE...

Foie gras de canard, légumes et consommé de canard • Poulette patte noire, corail de homard et chou pointu • Aloe vera, galanga et mélisse

Charlotte Defarges/Alliance

MA CAVE À FROMAGES

LE CHOIX DE L'AUTHENTICITÉ.

Les grands fromages sont le fruit du travail d'artisans producteurs et affineurs détenteurs d'un savoir-faire ancestral qu'il est primordial de sauvegarder et de mettre à l'honneur.

C'est mûs par cette ambition que les experts METRO explorent les terroirs à la recherche de fromages de caractère au goût unique.

Avec plus de 500 variétés de fromages disponibles, dénichés aux quatre coins de France et d'Europe, METRO est en mesure de satisfaire les attentes des gourmets les plus exigeants.

Toutes les AOP et IGP françaises en fromage, en beurre et en crème sont disponibles dans les entrepôts METRO, aux formats adaptés à tous les besoins.

Accompagnée de Laëtitia Gaborit, Meilleur Ouvrier de France Fromager, c'est le travail de toute la filière que METRO cherche à valoriser et à pérenniser.

METRO, AU SERVICE DES GRANDS CHEFS.

Retrouvez-nous sur :

   METRO.FR

METRO

VOTRE SUCCÈS EST NOTRE MÉTIER

AVEC METRO, VOTRE RESTAURANT PASSE AU DURABLE.

Fort de ses 50 ans d'expérience aux côtés des professionnels de la restauration, METRO défend aujourd'hui la vision d'un restaurant différent : celui de demain. Plus responsable, plus engagé, plus durable.

Pour mettre ses valeurs au service de ses clients, l'enseigne agit concrètement. Cela passe notamment par la sélection de produits locaux et de saison ainsi que par la création d'un bureau d'études green qui accompagne les restaurateurs dans l'aménagement de leur cuisine durable.

MON RESTAURANT PASSE AU DURABLE

Cuisine moderne • Contemporain

BAIETA Ⓝ

« Ici, la bouillabaisse tutoie l'aïoli, et la pissaladière jalouse la socca, juste sortie du four à charbon ». La jeune chef Julia Sedefdjian (ancienne des Fables de la Fontaine, Paris aussi) est désormais chez elle, heureuse et épanouie. Sa cuisine, colorée et parfumée, s'en ressent. Elle chante la Méditerranée et les bons produits, qu'elle sélectionne avec justesse et travaille avec créativité, sans jamais oublier ses racines niçoises. On se régale d'une poitrine de cochon caramélisée, ou d'un beau tronçon d'aile de raie, dorée au beurre blond... Et en dessert, ce jour-là, des fraises Gariguette parfumées, accompagnées d'un crémeux à la vanille et d'un excellent sorbet thym et framboise. Bienvenue chez Baieta – le bisou en patois niçois !

À LA CARTE...

Jaune d'œuf croustillant, haddock cru et cuit, poireau en vinaigrette d'algue • « La bouillabaieta » • Sablé fenouil, crème citronnée de macarons et sorbet citron-pastis

Menu 45 € (déjeuner), 85 € – Carte 58/74 €

5 rue de Pontoise (5ᵉ)
TEL. 01 42 02 59 19
www.restaurant-baieta-paris.fr
Ⓜ Maubert Mutualité

Fermé lundi, dimanche

♿

Cuisine grecque • Élégant

MAVROMMATIS

**Menu 44 € (déjeuner) –
Carte 66/96 €**

42 rue Daubenton (5ᵉ)
TEL. 01 43 31 17 17
www.mavrommatis.com
Ⓜ Censier Daubenton

**Fermé 3-28 août, lundi, mardi midi,
mercredi midi, dimanche**

Si, pour vous, manger grec se réduit au régime «souvlaki-tzatziki-moussaka», rendez-vous chez Andreas et Evagoras Mavrommatis pour un irrésistible cours de rattrapage. Ils se sont adjoint les services d'un chef italien, Roberto Rispoli, pour célébrer de plus belle les terroirs grecs et méditerranéens, avec une touche de France... Objectif atteint ! Pour débuter en beauté, un verre d'ouzo s'impose, à siroter sur la terrasse bordée d'oliviers et de vignes... Puis vient la cuisine, qui ne mise pas sur le folklore – à l'image du décor, très sobre – mais sur la tradition et une qualité de produits irréprochable. Poulpes marinés, céleri, aubergine fumée, vinaigrette kumquat ; soupe de topinambour à la Mastiha ; dégustation de cochon de lait de Bigorre et ibérique, pomme kolokassi et céleri-rave... Des plats raffinés pour une belle expérience au carrefour des saveurs !

À LA CARTE...

Fricassée d'artichauts, légumes maraîchers, palourdes à l'aneth façon Constantinople • Épaule d'agneau de lait de Lozère confite en cannelloni de céleri et selle rôtie au halloumi • Ganache chocolat aux olives confites et glace à la fleur d'oranger

❀

Cuisine créative • Cosy

OKA

Le chef propriétaire brésilien Raphaël Régo au parcours alléchant (école Ferrandi, Atelier de Joël Robuchon, Taillevent) signe chez Oka une partition créative, distillant une incontestable identité culinaire, naviguant entre France (pêche des côtes vendéennes) et Brésil, privilégiant toujours de très beaux produits. On déguste les menus dans un cadre cosy et élégant, avec cuisine ouverte sur l'artiste en chef. Les préparations, aux visuels sophistiqués et épurés, jouent avec talent sur le mariage des saveurs (sucrées, pimentées, acides...) et les textures, sans jamais tomber dans l'excès de la démonstration. Faites confiance à la subtilité du sommelier pour marier mets et vins. Infiniment personnel, soigné, parfumé - en un mot : stylé. Un coup de cœur.

À LA CARTE...

Haricots noirs du Brésil fermentés et cuisinés pendant dix jours • Pintade du Périgord, haricots blancs de l'île de Santarém et piments biquinho • Millefeuille de manioc à la mélasse, condiment priprioca et sorbet rapadura

Menu 35 € (déjeuner), 55 €

1 rue Berthollet (5ᵉ)
TEL. 01 45 30 94 56
www.okaparis.fr
Ⓜ Censier Daubenton

Fermé 11-25 août, lundi, mardi midi, mercredi midi, samedi midi, dimanche

 ♿ 🅰🅲 🍴

Menu 98 €

12 rue de l'Hôtel-Colbert (5e)
TEL. 01 42 02 39 24
www.restaurant-sola.com
Ⓜ Maubert Mutualité

Fermé 1er-31 août, lundi, mardi midi, mercredi midi, jeudi midi, vendredi midi, samedi midi, dimanche

❀
Cuisine moderne · Élégant

SOLA

Rescapé d'un incendie, Sola est de retour, plus en verve que jamais ! On retrouve avec joie le décor bois et zen, et au sous-sol, la cave voûtée, où les tables figurent un tatami (attention, prière de retirer ses chaussures). Le chef japonais Kosuke Nabeta, 34 ans, fraîchement débarqué de son restaurant de Tokyo, propose une savoureuse passerelle entre exigence et précision de la gastronomie nippone et richesses du terroir français. Ce jour-là : thon et betterave rouge ; encornet, risotto, champignon ; foie gras, truffe noire ; lotte, coque, beurre de noisette… Une cuisine en apesanteur, harmonieuse et raffinée, et si personnelle, que l'on ne saurait la réduire à ces simples adjectifs, si élogieux soient-ils.

À LA CARTE…
Cuisine du marché

Cuisine moderne • Luxe

TOUR D'ARGENT

Révolution de velours pour cette institution, dont la saga débute en 1582 ! C'est alors une élégante auberge, qui devient un restaurant en 1780. La légende débute au début du 20e s. lorsque André Terrail l'achète, avec cette idée de génie : élever l'immeuble d'un étage pour y installer la salle à manger, et jouir ainsi d'un panorama unique sur la Seine et Notre-Dame. Le cadre cossu a conservé son lustre d'antan, mais Philippe Labbé y a introduit un vent de modernité : la salle dévoile une sensation d'espace, et de luminosité.

L'âme de la Tour d'Argent demeure donc, mais elle évolue avec son temps : véritable palimpseste, la carte, réactualisée, conserve la mémoire de plusieurs décennies de haute gastronomie française. Ainsi le canard, servi dans son ensemble, mis en avant en cinq plats. Que les puristes se rassurent, le service, parfaitement réglé, assure toujours le spectacle. Et quel panorama – le chevet de Notre-Dame serti dans Paris ! Quant à l'extraordinaire cave du sommelier David Ridgway, elle renfermerait... près de 400 000 bouteilles pour 15 000 références.

Menu 105 € (déjeuner),
350/380 € – Carte 200/350 €

15 quai de la Tournelle (5e)
TEL. 01 43 54 23 31
www.tourdargent.com
Ⓜ Maubert Mutualité

Fermé lundi, dimanche

À LA CARTE...

Quenelle «hommage au grand-père» • Caneton Frédéric Delair • Crêpes «mademoiselle»

La Tour d'Argent

😋
Cuisine italienne • Convivial

CUCINA

Excellente surprise que ce dernier né des restaurants griffés Alain Ducasse ! Côté atmosphère, on retrouve le savoir-faire du grand chef, artiste de la convivialité élégante, avec son grand comptoir central, sa déco de bistrot moderne et ses serveurs en marinière rouge et blanche. Côté coulisses, le chef Matteo Lorenzini, passé par des maisons étoilées (dont le Louis XV trois ans durant) signe une belle carte italienne de saison, sur laquelle on retrouve les classiques. Les produits, triés sur le volet, proviennent d'Italie ou d'Île de France. Les jus sont excellents, les assaisonnements travaillés. Paccheri guancia di manzo, sorbetto di Limone : on se régale de bout en bout, des antipasti aux dolce. Une réussite.

À LA CARTE...

Polpo-patate • Paccheri, joue de bœuf fondante • Sorbetto di limone

Menu 24 € (déjeuner) – Carte 30/50 €

20 rue St-Victor (5ᵉ)
TEL. 01 44 31 54 54
www.cucina-mutualite.com
Ⓜ Maubert-Mutualité

♿ 🆎

😋
Cuisine moderne • Convivial

KOKORO

Kokoro ? C'est « cœur », en japonais. Cette adresse a en effet un pied au pays du Soleil-Levant, puisqu'elle a été ouverte par un jeune couple franco-japonais, à deux pas du métro Cardinal-Lemoine. Lui, c'est Frédéric Charrier, jeune chef originaire de Vendée qui se charge des préparations salées ; elle, c'est Sakura Mori, native du Japon, qui concocte les desserts. Le duo travaille d'arrache-pied et le résultat est formidable : leur cuisine, réglée sur les saisons, se révèle à la fois intelligente, légère et subtile, tout en réservant de belles surprises...

À LA CARTE...

Moules de bouchot, chapelure d'agneau • Cabillaud, asperges vertes, citron confit • Tarte friable tomate, melon et mûre, sorbet marjolaine

Menu 25 € (déjeuner), 34 € – Carte 31/50 €

36 rue des Boulangers (5ᵉ)
TEL. 01 44 07 13 29
www.restaurantkokoro.blogspot.fr
Ⓜ Cardinal Lemoine

Fermé 1ᵉʳ-15 juillet, lundi midi, samedi, dimanche

🆎

Michelin

🍴
Cuisine créative • Design

AT

A deux pas des quais de Seine et de la Tour d'Argent, ce petit restaurant au décor minimaliste cultive l'âme japonaise : le chef Tanaka, passé chez Pierre Gagnaire, aime la fraîcheur et la précision ; il tient sa clientèle en haleine avec des assiettes créatives et variées. Salle voûtée au sous-sol.

Menu 55 € (déjeuner), 105 €

4 rue du Cardinal-Lemoine (5ᵉ)
TEL. 01 56 81 94 08
www.atushitanaka.com
Ⓜ **Cardinal Lemoine**

Fermé lundi midi, dimanche

🍴
Cuisine japonaise • Simple

BEIGE

Ce charmant restaurant japonais, situé au cœur du Quartier Latin, est un izakaya, spécialisé dans la cuisine en petites portions. Il excelle dans ce domaine : les préparations, délicates et savoureuses, s'accompagnent d'élégants sakés. Service souriant et attentionné. Pas de réservations.

Carte 17/29 €

31 rue de la Parcheminerie (5ᵉ)
TEL. 01 46 33 75 10
Ⓜ **St-Michel**

Fermé 4-28 août, 22 décembre-7 janvier, lundi, dimanche

🍴
Cuisine grecque • Taverne

LES DÉLICES D'APHRODITE

Dans ce sympathique restaurant aux allures de taverne, on se croirait presque en Grèce ! Poulpe mariné, caviar d'aubergines, moussaka, etc. Cette cuisine fraîche et ensoleillée tire le meilleur parti de produits de qualité.

Carte 34/57 €

4 rue de Candolle (5ᵉ)
TEL. 01 43 31 40 39
www.mavrommatis.fr
Ⓜ **Censier Daubenton**

🍴
Cuisine moderne • Traditionnel

L'INITIAL

Le chef japonais, au palmarès étincelant (Robuchon Tokyo, Bernard Loiseau à Saulieu), propose une cuisine française d'une remarquable précision réalisée autour d'un menu sans choix rythmé par les saisons. Bon rapport qualité-prix et service aux petits soins.

Menu 36 € (déjeuner), 60 €

9 rue de Bièvre (5ᵉ)
TEL. 01 42 01 84 22
www.restaurant-linitial.fr
Ⓜ **Maubert Mutualité**

Fermé 1ᵉʳ-27 janvier, 28 juillet-26 août, lundi, mardi midi, dimanche

¶○

Cuisine moderne •
Contemporain

KITCHEN TER(RE)

William Ledeuil façonne un kaléidoscope de l'épure et du goût, où brillent des pâtes de haut-vol (réalisées par l'artisan Roland Feuillas à base d'épeautre, blé dur, engrain ou barbu du Roussillon), mais aussi un bouillon thaï , anguille, pomme de terre, ou encore un cappuccino, pommes au tamarin et glace au caramel... Absolument moderne, absolument gourmand.

Menu 30 € (déjeuner), 47 €

26 boulevard Saint-Germain (5ᵉ)
TEL. 01 42 39 47 48
www.zekitchengalerie.fr
Ⓜ Maubert Mutualité

Fermé lundi, dimanche

¶○

Cuisine traditionnelle • Bistro

LES PAPILLES

Bistrot, cave et épicerie : une adresse attachante, où l'on fait pitance entre casiers à vins et étagères garnies de conserves. Le soir, on vous propose un menu unique où les suggestions gourmandes affolent les papilles.

Menu 28 € (déjeuner), 38 € –
Carte 45/55 €

30 rue Gay-Lussac (5ᵉ)
TEL. 01 43 25 20 79
www.lespapillesparis.com
Ⓜ Luxembourg

Fermé 21 juillet-19 août, 23 décembre-1ᵉʳ janvier, lundi, dimanche

apeyron/iStock

6ᵉ

ST-GERMAIN-DES-PRÉS • ODÉON • JARDIN DU LUXEMBOURG

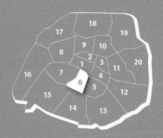

❀ ❀ ❀

Cuisine créative • Luxe

GUY SAVOY

Guy Savoy, chapitre deux. Dans le cadre exceptionnel de l'hôtel de la Monnaie, Guy Savoy rédige un nouveau chapitre de cette histoire entamée quelques décennies plus tôt : lorsque, jeune garçon, il passait la tête au-dessus des casseroles familiales dans la cuisine de la Buvette de l'Esplanade, à Bourgoin-Jallieu... Aurait-il deviné, ce bambin, le destin qui l'attendait ? Ici, il a vu les choses en grand : six salles parées de toiles contemporaines et de sculptures – dont un grand nombre prêté par François Pinault –, avec des fenêtres à huisseries anciennes donnant sur la Seine. Tout cela est la preuve ostensible de la réussite, bien sûr, mais ne détourne pas le chef de son travail : cette gastronomie vécue comme une fête, hommage renouvelé à la cuisine française. On retrouve les plats qui ont contribué à sa renommée, notamment la soupe d'artichaut et truffes, plat emblématique de la maison en toutes saisons, à déguster avec la brioche moelleuse tartinée de beurre de truffes...

À LA CARTE...

Soupe d'artichaut à la truffe noire, brioche feuilletée aux champignons et aux truffes • Canette maturée aux épices douces et gratin de côtes de bettes • Mille feuilles ouvertes à la vanille de Tahiti

Menu 250 € (déjeuner),
415 € – Carte 234/349 €

11 quai de Conti (6ᵉ)
TEL. 01 43 80 40 61
www.guysavoy.com
Ⓜ St-Michel

Fermé 22 décembre-3 janvier,
lundi, samedi midi, dimanche

Laurence Mouton/Guy Savoy

🌼

Cuisine italienne • Contemporain

ARMANI RISTORANTE

Emplacement original pour ce restaurant, situé au 1er étage de la boutique Armani de St-Germain-des-Prés (non loin de l'église). La salle est épurée et élégante, dans le style du créateur bien sûr : camaïeu de beiges, banquettes, murs laqués, lumière tamisée... N'aurait-on affaire là qu'à un autre type de vitrine ? Au contraire, ce ristorante compte parmi les meilleures tables italiennes de la capitale. Le chef Massimo Tringali, ancien second du Casadelmar, à Porto-Vecchio, accommode des produits de grande qualité dans l'esprit de la cuisine transalpine contemporaine. C'est frais, goûteux et bien maîtrisé : de la belle ouvrage.

À LA CARTE...
Mange-tout d'artichaut violet, petits légumes, fruits croquants et fondants • Raviolis farcis à la burrata et à l'aubergine fumée • Baba flambé à la liqueur Strega

Menu 90/120 € –
Carte 84/122 €

**149 boulevard St-Germain
(1er étage) (6e)
TEL. 01 45 48 62 15
http://ristorante.mori.paris/
Ⓜ St-Germain des Prés**

Fermé 5-19 août, dimanche

 ♿ AC

Menu 65 € (déjeuner), 155 €

4 rue d'Assas (6ᵉ)
TEL. 01 42 22 00 11
www.helenedarroze.com
Ⓜ Sèvres Babylone

✿
Cuisine moderne • Contemporain

MARSAN - HÉLÈNE DARROZE

Après quelques mois de travaux, Hélène Darroze a rouvert en 2019 son restaurant de la rue d'Assas. Le lieu est méconnaissable, totalement réinventé dans une veine cosy et élégante qui sied à merveille à cette cuisinière de grand talent.

On retrouve bien entendu dans l'assiette ce qui fait la particularité de cette héritière d'une famille de cuisiniers du Sud-Ouest : la capacité à dénicher dans les terroirs de ces contrées (Aquitaine, Landes, Pays basque...) de quoi nourrir ses intentions culinaires, et la capacité à les mettre en valeur dans l'assiette. On y retrouve aussi la rigueur, l'insatiable curiosité, et ce mélange de talent et d'intuition qui fait toute la différence.

À LA CARTE...
Cuisine du marché

Cuisine créative • *Tendance*

QUINSOU

En face de la fameuse école Ferrandi chante un pinson (Quinsou en occitan), dont les suaves vocalises gastronomiques risquent fort d'influencer les grandes toques de demain ! Le chef, ancien du regretté Sergent Recruteur, s'appelle Antonin Bonnet. Dans un cadre chaleureux, à forte tendance scandinave (bois brut, carreaux de ciment, ampoules nues), il cuisine en liberté, fait chanter le végétal et montre des trésors de créativité. Dans l'assiette gazouille le produit, d'excellente qualité. Œuf mollet, chou, vinaigrette au pralin ; pigeon, céleri-rave fumé au foin, radicchio et anchoïade... Une délicieuse table, animée par un chef passionné.

À LA CARTE...
Cuisine du marché

Menu 35 € (déjeuner), 75 €

33 rue de l'Abbé-Grégoire (6ᵉ)
TEL. 01 42 22 66 09
www.quinsou.business.site
Ⓜ **St-Placide**

Fermé 29 avril-6 mai, 5-19 août,
21 décembre-6 janvier, lundi,
mardi midi, dimanche

Menu 65 € (déjeuner), 95/145 €

8 rue des Grands-Augustins (6ᵉ)
TEL. 01 43 26 75 96
www.relaislouis13.com
Ⓜ Odéon

Fermé 1ᵉʳ-8 janvier, 1ᵉʳ-9 mai,
4 août-4 septembre, lundi,
dimanche

❀
Cuisine classique • Élégant

RELAIS LOUIS XIII

Une table chargée d'histoire, bâtie sur les caves de l'ancien couvent des Grands-Augustins : c'est ici que, le 14 mai 1610, une heure après l'assassinat de son père Henri IV, Louis XIII apprit qu'il devrait désormais régner sur la France. La salle à manger semble se souvenir de ces grandes heures du passé : colombages, pierres apparentes, boiseries, vitraux et tentures, tout distille un charme d'autrefois, avec çà et là quelques éléments contemporains (cave vitrée, sculptures modernes).

Une atmosphère particulièrement propice à la découverte de la cuisine du chef, Manuel Martinez, tenante d'un noble classicisme culinaire. Après un joli parcours chez Ledoyen, au Crillon, à la Tour d'Argent, ce Meilleur Ouvrier de France a décidé de s'installer en ce Relais pour y perpétuer la tradition. Quoi de plus logique ? L'histoire continue donc et les habitués sont nombreux, plébiscitant notamment la formule déjeuner, d'un excellent rapport qualité-prix !

À LA CARTE...

Ravioli de homard et foie gras, crème de cèpes • Lièvre à la royale • Millefeuille, crème légère à la vanille de Tahiti

Cuisine moderne • Intime

YOSHINORI

Le petit dernier du chef Yoshinori Morié (ex-Petit Verdot, Encore, L'Auberge du 15), loin de balbutier, étincelle ! Sis entre les murs d'un ancien restaurant italien entièrement transformé (pierres apparentes, poutres blanchies, boiseries japonisantes, éclairage design, lin blanc et porcelaine) nous régale d'une cuisine raffinée, végétale, esthétique, déclinée sous forme d'un menu de saison. Ainsi le tartare de veau de Corrèze, coques, choux fleur ; la lotte, lotus et champignons ou la ballotine de pigeon, cèpes, datte, carotte et combava... autant d'hymnes, non dissimulés, à l'élégance et à la gourmandise. Agréable formule du midi. Un coup de cœur.

À LA CARTE...

Tartare de veau de lait, chou-fleur • Turbot breton, coulis de bourrache • Mousse coco, sorbet ananas et tagète

Menu 45 € (déjeuner), 70/95 €

18 rue Grégoire de Tours (6ᵉ)
TEL. 09 84 19 76 05
www.yoshinori-paris.com
Ⓜ **Odéon**

Fermé lundi, dimanche

Cuisine créative • Contemporain

ZE KITCHEN GALERIE

Menu 48 € (déjeuner), 85/98 €

4 rue des Grands Augustins (6ᵉ)
TEL. 01 44 32 00 32
www.zekitchengalerie.fr
◎ St-Michel

Fermé 29 juillet-19 août, samedi, dimanche

Sous son nom hybride, Ze Kitchen Galerie joue sur les frontières entre art et cuisine, avec pour ambition d'unir ces deux expressions dans le décor et l'assiette. Dans des volumes épurés – sans être froids – cohabitent mobilier et vaisselle design, matériaux bruts, tableaux colorés, autour d'une cuisine vitrée pour suivre en direct le spectacle de la brigade. Aux fourneaux, William Ledeuil donne libre cours à sa passion pour les saveurs de l'Asie du Sud-Est (Thaïlande, Vietnam, Japon) où il puise son inspiration. Galanga, kachaï, curcuma, wasabi, gingembre... Autant d'herbes, de racines, d'épices et de condiments du bout du monde qui relèvent avec brio les recettes classiques françaises. Sa carte – à base de poissons, bouillons, pâtes, plats à la plancha – décline ainsi une palette d'assiettes inventives, modernes et ciselées, pour un voyage entre saveurs et couleurs.

À LA CARTE...

Fleurs de courgette, curry rouge de crustacés, condiment kimchi • Bœuf Wagyu, condiment soubressade • Glace chocolat blanc, wasabi-fraise, pistache, turron

*Poissons et fruits de mer ·
Méditerranéen*

LA MÉDITERRANÉE

Sur une élégante placette en face du théâtre de l'Europe, ce restaurant assume avec panache son héritage marin : joliment habillée d'un dessin de Cocteau, la façade bleu nuit évoque subtilement les profondeurs mystérieuses de «mare nostrum». Les trois salles à manger composent un décor agréable, très parisien avec ses fresques, et ensoleillé par une plaisante véranda. Sans surprise, la carte fait la part belle aux produits de la mer, préparés avec talent et exhibant sans complexe leur accent du Sud, autour de marinades d'huile d'olive, d'herbes parfumées et de saveurs safranées... Ne manque que le clapotis des vagues.

À LA CARTE...

Soupe de poisson • Cabillaud rôti au chorizo, purée de pommes de terre • Marmelade de pomme acidulée au gingembre, crème brûlée à la vanille Bourbon

Menu 36 € – Carte 55/81 €

2 place de l'Odéon (6ᵉ)
TEL. 01 43 26 02 30
www.la-mediterranee.com
Ⓜ Odéon

Cuisine moderne · Bistro

LE TIMBRE

Ce charmant bistrot, grand comme un... timbre-poste, est le repaire de Charles Danet, jeune chef au parcours varié (Australie, Belgique...). On est immédiatement séduit par le charme des lieux – tables en bois, banquettes et ambiance à la bonne franquette –, et par la cuisine du chef, aussi originale que goûteuse. Ses spécialités parlent pour lui : maquereau juste saisi, coques et butternut ; Saint-Jacques rôties, espuma amande et algues... Quant à Agnès, sa compagne, elle assure le service avec gentillesse et attention, prodiguant même de précieux conseils en matière de vin.

À LA CARTE...

Bonite marinée, concombre et pomme • Pigeon, olives noires et betterave en croûte de sel • Pamplemousse, glace au basilic et crémeux à la bergamote

Menu 32 € (déjeuner), 37/55 €

3 rue Ste-Beuve (6ᵉ)
TEL. 01 45 49 10 40
www.restaurantletimbre.com
Ⓜ Notre-Dame des Champs

Fermé 1ᵉʳ-7 janvier, 27 juillet-27 août, lundi, mardi midi, dimanche

Cuisine traditionnelle · Bistro

ALLARD

On pénètre par la cuisine dans cette véritable institution, qui fait désormais partie du groupe Ducasse. Servis dans un décor 1900 pur jus, les plats hésitent entre registre bistrotier et plats canaille : escargots au beurre aux fines herbes, pâté en croûte, sole meunière, profiteroles...

Menu 34 € (déjeuner) – Carte 60/94 €

41 rue St-André-des-Arts (6e)
TEL. 01 43 26 48 23
www.restaurant-allard.fr
Ⓜ St-Michel

A/C

Cuisine moderne · Bistro

AUX PRÉS

Un bistrot germanopratin ouvertement vintage (banquettes rouges, miroirs fumés, papier peint floral) et une cuisine voyageuse signée Cyril Lignac, dont la créativité garde toujours un pied dans le(s) terroir(s) français.

Carte 44/71 €

27 rue du Dragon (6e)
TEL. 01 45 48 29 68
www.restaurantauxpres.com
Ⓜ St-Germain des Prés

A/C

Cuisine moderne · Bistro

LE BON SAINT-POURÇAIN

Planqué derrière l'église St-Sulpice, en plein cœur de St-Germain-des-Prés, cet ancien restaurant bougnat montre du soin et la passion. La cuisine du chef lorgne vers la tradition bistrotière revisitée : c'est tout simplement délicieux, sans doute grâce à l'utilisation exclusive de bons produits du marché. Réservez !

Carte 47/67 €

10 bis rue Servandoni (6e)
TEL. 01 42 01 78 24
Ⓜ Mabillon

Fermé 5-25 août, lundi, dimanche

Cuisine moderne · Contemporain

LES BOUQUINISTES

Face aux bouquinistes des quais de la Seine, cette adresse siglée Guy Savoy dévoile un décor moderne et branché, façon loft new-yorkais. Tout en discutant littérature, on se régale d'une rémoulade d'endives, œuf parfait et mimolette, d'un cochon de lait confit aux lentilles mijotées, ou d'une île flottante à la noisette... Tout un roman !

Menu 36 € (déjeuner), 44/78 € – Carte 50/66 €

53 quai des Grands-Augustins (6e)
TEL. 01 43 25 45 94
www.lesbouquinistes.com
Ⓜ St-Michel

Fermé 4-19 août, 23 décembre-2 janvier

♿ A/C 🍽

Cuisine moderne • Chic

BOUTARY

Poussez donc la porte de ce restaurant, repris par une famille qui élève depuis plusieurs générations son caviar en Bulgarie du sud. On y apprécie, dans un esprit chic, le travail d'un chef nippo-coréen au beau parcours... avec dégustation du caviar à la royale, sur le dos de la main ! Accueil agréable.

Menu 35 € (déjeuner), 86 € – Carte 60/75 €

25 rue Mazarine (6ᵉ)
TEL. 01 43 43 69 10
www.boutary-restaurant.com
Ⓜ **Odéon**

Fermé 22 juillet-13 août, lundi, samedi midi, dimanche

Cuisine bretonne • Contemporain

BREIZH CAFÉ - ODÉON

L'emplacement, déjà, est rêvé : un immeuble en pierre de taille à même le carrefour de l'Odéon. Voici la cadette des crêperies de Bertrand Larcher, ce Breton passé par le Japon avant de venir s'installer en France. Dans l'assiette, galettes et crêpes sont à la fête, à grand renfort de farine bio, produits artisanaux... sans oublier de bons cidres et sakés.

Carte 26/52 €

1 rue de l'Odéon (6ᵉ)
TEL. 01 42 49 34 73
https://breizhcafe.com/fr
Ⓜ **Odéon**

Cuisine moderne • Convivial

L'ÉPI DUPIN

Le chef, François Pasteau, a mis en place une démarche écologique et locavore : achat de fruits et légumes en Île-de-France, traitement des déchets organiques, eau filtrée sur place, etc. Un respect de la nature et du « bien-vivre » que l'on retrouve dans ses assiettes, qui revisitent joliment la tradition de nos campagnes.

Menu 42/56 €

11 rue Dupin (6ᵉ)
TEL. 01 42 22 64 56
www.epidupin.com
Ⓜ **Sèvres Babylone**

Fermé 5-25 août, lundi, samedi, dimanche

Cuisine moderne • Bistro

FISH LA BOISSONNERIE

Ca fait près de vingt ans que ce restaurant honore Bacchus de la plus belle des manières. 300 références de vins (bourgognes, champagnes, côtes-du-rhône) accompagnent une cuisine du marché attrayante et bien dans l'air du temps : soupe de brocolis, burrata et menthe ; côte de cochon, pommes grenaille et oignons rôtis...

Menu 29 € (déjeuner) – Carte 40/60 €

69 rue de Seine (6ᵉ)
TEL. 01 43 54 34 69
www.fishlaboissonnerie.com
Ⓜ **Odéon**

Fermé 23 décembre-3 janvier

Cuisine moderne • Contemporain

KGB

KGB pour Kitchen Galerie Bis. Il y règne le même esprit qu'à la maison mère, à mi-chemin entre galerie d'art et restaurant peu conventionnel. On s'y régale de «zors d'œuvres» – déclinaisons de hors-d'œuvre façon tapas –, de pâtes ou de plats cuisinés mêlant tradition hexagonale et assaisonnements asiatiques.

Menu 36 € (déjeuner), 55/66 €

25 rue des Grands-Augustins (6ᵉ)
TEL. 01 46 33 00 85
www.zekitchengalerie.fr
Ⓜ **St-Michel**

Fermé 27 juillet-20 août,
30 décembre-8 janvier, lundi, dimanche

A/C

Cuisine japonaise • Épuré

YEN

Un restaurant au décor très épuré pour amateurs de minimalisme zen. On s'y régale d'une cuisine japonaise soignée, tout en variations, et préparée directement sous vos yeux ébahis : sushi, tempura, soba, nouilles de sarrasin chaudes ou froides... Mets authentiques et service rigoureux.

Menu 48 € (déjeuner), 70 € –
Carte 40/90 €

22 rue St-Benoît (6ᵉ)
TEL. 01 45 44 11 18
www.yen-paris.fr
Ⓜ **St-Germain-des-Prés**

Fermé dimanche

A/C

halbergman/iStock

7e

TOUR EIFFEL • ÉCOLE MILITAIRE • INVALIDES

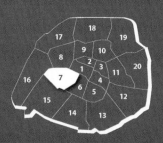

Menu 175 € (déjeuner) – Carte
243/327 €

84 rue de Varenne (7ᵉ)
TEL. 01 47 05 09 06
www.alain-passard.com
Ⓜ **Varenne**

Fermé samedi, dimanche

❀❀❀

Cuisine créative • *Élégant*

ARPÈGE

« Le plus beau livre de cuisine a été écrit par la nature. » Ainsi parle Alain Passard. Son nom est associé aux légumes – et pour les connaisseurs à une certaine betterave en croûte de sel. Il a su avant tout le monde. Un menu 100 % légumes, pensez-vous ! Aujourd'hui, sa philosophie s'invite à toutes les tables, et il n'est plus un chef qui ne s'affiche, les pieds dans la terre, dans son potager.

L'Arpège naît en 1987 : dix ans plus tard, il décroche la troisième étoile. L'année 2016 fut la sienne : 30 ans d'Arpège et 20 ans de 3 étoiles. Mais l'homme qui célèbre le fruit et la fleur ne se sent jamais aussi bien que dans l'un de ses trois potagers de l'Ouest de la France, où se conjuguent les mains du cuisinier et du jardinier. Il va y cueillir ses inspirations et explorer les possibilités culinaires du légume, apportant toute sa noblesse à ce produit d'ordinaire servi en accompagnement.

À LA CARTE...

Fines ravioles potagères multicolores, consommé éphémère • Aiguillettes de homard bleu au vin de Côtes-du-Jura • Millefeuille croustillant aux fruits de nos vergers

✿✿

Cuisine créative • Design

L'ATELIER DE JOËL ROBUCHON - ST-GERMAIN

Plongés dans une semi-pénombre étudiée, deux bars se répondent autour de la cuisine centrale où les plats sont élaborés sous le regard des hôtes, assis au comptoir sur de hauts tabourets (on peut aussi préférer la petite salle voisine, plus traditionnelle mais tout aussi confidentielle). Une idée de «cantine chic», version occidentale du teppanyaki et des bars à sushis nippons, avec au menu une cuisine «personnalisable» (sous forme de petites portions et d'assiettes) ciselée avec une précision d'orfèvre et des ingrédients de choix.

Caviar sur un œuf de poule mollet et friand au saumon fumé ; soufflé passion, fraîcheur d'ananas et sorbet piña colada ; merlan frit Colbert avec un beurre aux herbes : près de 80 plats différents sont proposés à midi et le soir. Sans oublier les incontournables de la maison : ravioles de king crab, tartine de pied de cochon, côtelettes d'agneau de lait et purée de pommes de terre Joël Robuchon... Un atelier des saveurs, un must du genre.

Menu 189 € – Carte 80/170 €

5 rue de Montalembert (7ᵉ)
TEL. 01 42 22 56 56
www.joel-robuchon.net
Ⓜ **Rue du Bac**

À LA CARTE...

Caviar sur un œuf de poule mollet et friand au saumon fumé • Côtelettes d'agneau de lait à la fleur de thym • Ganache onctueuse au chocolat araguani, glace au grué de cacao enrobé d'une saveur Oreo

Menu 60 € (déjeuner),
120/160 €

29 rue Surcouf (7ᵉ)
TEL. 01 45 50 11 10
www.davidtoutain.com
Ⓜ **Invalides**

Fermé 22-27 avril,
29 juillet-16 août, samedi,
dimanche

❀ ❀
Cuisine moderne · Design

DAVID TOUTAIN

Le voici chez lui, David Toutain, qui s'était fait connaître dans de bien belles tables (Arpège, Agapé Substance...). Il s'est récemment établi dans cette rue discrète du quartier des ministères, que l'on n'est pas habitué à voir comme un tel carrefour de tendances. De fait, derrière ce nom de David Toutain, c'est toute une mouvance culinaire qui s'agite : le jeune chef est la coqueluche des «foodistas» parisiens, il convient de réserver très à l'avance pour obtenir une place...

La table réserve en effet une expérience délicieuse, exemplaire du goût contemporain ! L'espace, d'abord : une forme de loft, tout en matériaux bruts (bois, béton), aux lignes scandinaves. L'assiette également n'est pas sans évoquer cette Europe du Nord aujourd'hui si en vue. Goût du végétal, associations inédites, légèreté et graphisme épuré : la parenté est palpable, et pourtant, la finesse, la créativité, la palette d'expressions du chef révèlent une vraie singularité et même une forme de sagesse. S'inscrire pleinement dans une génération tout en étant soi-même : un bel équilibre !

À LA CARTE...
Œuf, maïs et cumin • Anguille fumée et sésame noir • Chou-fleur, coco et chocolat blanc

❀❀

Cuisine moderne • Élégant

SYLVESTRE

À 9 ans, Shahzad Wahid arrive du Pakistan sans connaître un mot de français : il devient Sylvestre. Il fait ses premiers pas auprès de Thierry Marx et d'Alain Ducasse, avant de s'installer à L'Oustau de Baumanière, où il accroche à son tablier deux étoiles... qu'il récupère en arrivant chez Thoumieux. Il oriente cuisine et décoration vers le végétal et le minéral. Salle à manger feutrée et cosy, lumière tamisée ; sur la table, le sel bleu de Perse, le rose de l'Himalaya, et le noir d'Hawaï dessinent les contours de l'évasion gastronomique. La démonstration peut commencer.

Sylvestre Wahid est un artiste inspiré – en témoigne cette eau de concombre et cannelloni végétal, stupéfiante variation de vert comme un clin d'œil aux plantes qui aèrent la salle. Poursuivez la promenade avec les cèpes en trois préparations, l'agneau de lait apportera ensuite densité et texture à l'architecture du repas. Enfin s'achève la symphonie gourmande par des figues rôties au jus de sycomore, comme un adieu à l'été évanoui...

À LA CARTE...

Fenouil bulbe aux algues cuit à la braise, anchois et ricotta • Pigeon des Costières au raisin muscat, blettes et chia • Citron de Menton, coque de meringue à la laitue de mer

Menu 98 € (déjeuner), 175/250 € – Carte 155/200 €

79 rue St-Dominique (1ᵉʳ étage) (7ᵉ)
TEL. 01 47 05 79 00
www.thoumieux.fr
Ⓜ La Tour Maubourg

Fermé 1ᵉʳ-31 août, lundi, samedi midi, dimanche

🍸 A/C 🍽

Menu 280 €

1 rue Pierre-Leroux (7e)
TEL. 01 43 06 14 18
www.aida-paris.net
Ⓜ Vaneau

Fermé lundi, mardi midi, mercredi midi, jeudi midi, vendredi midi, samedi midi, dimanche midi

❁

Cuisine japonaise · Élégant

AIDA

La façade blanche de ce petit restaurant niché dans une ruelle se fond si bien dans le paysage qu'on risque de passer devant sans la remarquer. Grave erreur ! Derrière se cache un secret jalousement gardé, celui d'une délicieuse table nippone. L'intérieur se révèle élégant et sans superflu, à l'image des établissements que l'on trouve au Japon. Au choix, attablez-vous au comptoir (seulement neuf places) pour être aux premières loges face aux grandes plaques de cuisson (teppanyaki), ou dans le petit salon privé sobrement aménagé avec son tatami.

Au gré d'un menu dégustation unique, vous découvrirez une cuisine fine et pointue, tissant de beaux liens entre le Japon et la France ; les assaisonnements, les cuissons et les découpes ne font que souligner l'ingrédient principal, servi dans sa plus simple expression. Sashimis, homard de Bretagne, chateaubriand ou ris de veau, cuits au teppanyaki, s'accompagnent de bons vins de Bourgogne, sélectionnés avec passion par le chef. Service très attentif et prévenant.

À LA CARTE...
Sashimi • Teppanyaki • Wagashi

Cuisine moderne • *Élégant*

AUGUSTE

Ambiance zen du côté des ministères ! La petite maison de Gaël Orieux – à peine une trentaine de couverts – offre un calme inattendu dans son élégant cadre contemporain, aux lignes faussement simplistes. L'ambiance se révèle feutrée et élégante, avec banquette sombre, miroirs, murs blancs sculptés et jolis fauteuils confortables...

Un espace chic et « classe » où l'on déguste une cuisine d'une sage modernité : huîtres creuses perles noires, gelée d'eau de mer, mousse de raifort, poire comice ; bar de ligne à la compotée de tomates, écume d'orange fleurée à la cannelle... La carte, courte mais très souvent renouvelée, séduit par sa variété et la qualité des produits. Gaël Orieux s'approvisionne au marché et a fait notamment le choix de ne servir que des poissons dont l'espèce n'est pas menacée (mulet noir, maigre, tacaud). Quant au choix de vins, il invite à d'agréables découvertes à prix étudiés.

Menu 39 € (déjeuner), 90 € – Carte 90/120 €

54 rue de Bourgogne (7ᵉ)
TEL. 01 45 51 61 09
www.restaurantauguste.fr
Ⓜ **Varenne**

Fermé samedi, dimanche

🅰🅲

À LA CARTE...

Huîtres creuses en gelée d'eau de mer, mousse raifort et poire comice • Ris de veau croustillant, cacahouètes caramélisées, girolles, abricot sec et vin jaune • Millefeuille parfumé à la fève tonka

Auguste

Menu 49 € (déjeuner), 130 € –
Carte 120/140 €

41 rue de Lille (7ᵉ)
TEL. 01 58 62 10 08
www.lesclimats.fr
Ⓜ Rue du Bac

**Fermé 28 avril-1ᵉʳ mai, 4-27 août,
31 décembre-14 janvier, lundi,
dimanche**

Cuisine moderne · Vintage

LES CLIMATS

Le restaurant est installé dans le cadre atypique de l'ancienne Maison des Dames des Postes, Télégraphes et Téléphones, qui hébergea à partir de 1905 les opératrices des PTT. L'intérieur, d'un style Art nouveau assumé, est somptueux. Mosaïque ancienne au sol, plafond dont les arches sont égayées de motifs fleuris, luminaires originaux en laiton, vitraux, gros fauteuils rouges, etc. Et côté cuisine ? Rien de... téléphoné. Une alliance raffinée de recettes d'inspiration française et d'une créativité distillée avec tact. Et n'oublions pas les deux grandes caves vitrées, offrant l'une des plus riches sélections de vins de Bourgogne à Paris.

À LA CARTE...
Cuisine du marché

Christine&Tibo / Lincoln TV/Les Climats · Les Climats

❀
Poissons et fruits de mer · Chic

DIVELLEC

Le célèbre restaurant de Jacques Le Divellec (de 1983 à 2015) est désormais tenu par Mathieu Pacaud. La thématique culinaire est toujours orientée vers le grand large, carte et menus, composés au gré de la marée, sacralisent de très beaux produits iodés ; on conclut par le soufflé du moment, dernière respiration d'un moment privilégié, fait de saveurs et d'embruns. Bien installé sur le pont, on profite de la jolie vue sur l'esplanade des Invalides. On a même récupéré une ancienne librairie pour agrandir le lieu et créer une salle d'inspiration jardin d'hiver. Le vent du large souffle à nouveau sur cette maison : le signe d'une renaissance réussie.

À LA CARTE...

Calque de bar, bonbons de pomme verte et baies roses • Homard en navarin, pomme de terre confite, étouffé au fenouil sauvage • Soufflé au chocolat grand cru

Menu 49 € (déjeuner), 90/210 € – Carte 95/160 €

18 rue Fabert (7ᵉ)
TEL. 01 45 51 91 96
www.divellec-paris.fr
Ⓜ **Invalides**

Menu 55 € (déjeuner), 105 €

91 rue de Grenelle (7ᵉ)
TEL. 01 45 51 25 74
www.es-restaurant.fr
Ⓜ Solférino

Fermé 5-26 août, lundi, mardi midi, mercredi midi, jeudi midi, dimanche

A/C

❀
Cuisine moderne • Épuré

ES

L'adresse de Takayuki Honjo, jeune chef japonais adepte, comme nombre de ses compatriotes, de cuisine et de culture françaises. Ancien de plusieurs grandes maisons (Astrance à Paris, Quintessence à Tokyo, Mugaritz au Pays basque), il a pensé son restaurant dans les moindres détails : une salle blanche et très épurée, presque monacale, où le mobilier moderne ne cherche pas à attirer l'attention ; contre la baie vitrée, un léger voilage permet d'isoler la salle de la rue. Dans ce contexte, le repas peut s'apparenter à une forme de cérémonie...

Dès les premières bouchées, le talent du chef saute aux papilles ! Foie gras et oursins, ou pigeon et cacao : les associations fonctionnent sans fausse note, les saveurs se mêlent intimement, et l'harmonie des compositions est toujours subtile, avec un sens de l'économie qui rappelle les racines nippones du jeune homme – bien que les fondamentaux de la cuisine française soient parfaitement maîtrisés. Enfin, la carte des vins rend un vibrant hommage à la Bourgogne. Encore un bel apport du Japon à la France !

À LA CARTE...
Cuisine du marché

ES

✿

Cuisine traditionnelle • Élégant

LOISEAU RIVE GAUCHE

Si la table se trouve rue de Bourgogne, qu'on ne s'y trompe pas : on célèbre ici tous les terroirs, qu'ils soient auvergnat, savoyards, ou autres ! Cette institution bourgeoise du groupe Bernard Loiseau offre un décor cossu, avec boiseries, chaises Louis XV et... une étonnante table design (la n° 20). À la carte du chef auvergnat Maxime Laurenson, une cuisine délicate, très identitaire, déclinée autour d'un menu idéalement nommé «Climats de saison», ou d'un menu dégustation «Nature instantanée». Finesse et justesse d'exécution, notes florales et d'herbes sauvages : à deux pas du Palais Bourbon, les personnalités politiques adorent s'y retrouver. Il n'y a pas que les légumes qui sont à la fête...

Menu 45 € (déjeuner),
82/105 € – Carte 55/95 €

5 rue de Bourgogne (7ᵉ)
TEL. 01 45 51 79 42
www.bernard-loiseau.com
Ⓜ **Assemblée Nationale**

Fermé 4-27 août, lundi, dimanche

À LA CARTE...
Cuisine du marché

Menu 50 € (déjeuner),
105/145 €

27 rue Pierre-Leroux (7ᵉ)
TEL. 01 47 34 94 14
www.restaurant-nakatani.com
Ⓜ **Vaneau**

Fermé 1ᵉʳ-12 août, lundi, dimanche

A/C

Cuisine moderne • Intime

NAKATANI

Après dix années passées auprès d'Hélène Darroze, Shinsuke Nakatani a décidé de faire le grand saut. Le voici aujourd'hui à la tête de cette table feutrée et reposante, habillée de douces couleurs et de matières naturelles. En cuisine, ce Japonais pétri de talent peut enfin, en toute liberté, montrer ce dont il est capable ! Avec un sens aigu de l'assaisonnement, des cuissons et de l'esthétique des plats, il compose une belle cuisine française au gré des saisons ; les saveurs et les textures s'entremêlent avec harmonie et l'ensemble dégage une belle cohérence. On se régale d'un menu unique (3 ou 5 plats le midi, 5 ou 7 le soir), servi par un personnel discret et efficace. Étant donné le nombre de places (18 couverts), il faudra penser à réserver à l'avance.

À LA CARTE...

Consommé de légumes • Bœuf Wagyu, girolles, pomme de terre de Noirmoutier, brocoletti, sarrasin et sauce au vin rouge • Biscuit vapeur aux courges, reine-claude et crème brûlée au thé

Olivier Decker/Michelin

Cuisine moderne • Design

PERTINENCE

C'est au restaurant Antoine, en 2011, que Ryunosuke Naito et Kwen Liew se sont rencontrés : lui, le Japonais formé dans quelques-unes des maisons les plus prestigieuses de la place parisienne (Taillevent, Meurice), elle la Malaisienne. C'est tout près du Champ-de-Mars qu'ils ont ouvert cette maison au cadre épuré – lattes de bois clair et chaises Knoll –, tout en pudeur, intimiste et chaleureuse, bref : à leur image. Aux fourneaux, ils composent à quatre mains une cuisine du marché aux saveurs intenses, offrant au passage un délicieux lifting à la tradition française. Leur talent ne fait décidément aucun doute.

Menu 45 € (déjeuner),
105/135 € – Carte 100/180 €

29 rue de l' Exposition (7ᵉ)
TEL. 01 45 55 20 96
www.restaurantpertinence.com
Ⓜ **École Militaire**

Fermé 28 juillet-12 septembre,
lundi, mardi midi, dimanche

À LA CARTE...
Cuisine du marché

Menu 48/80 €

22 rue Surcouf (7ᵉ)
TEL. 01 45 51 46 93
Ⓜ **Invalides**

Fermé samedi, dimanche

A/C

☼
Cuisine moderne • Convivial

TOMY & CO

À deux pas de la rue Saint-Dominique (la plus gourmande des rues du 7ᵉ arrondissement), cette adresse
porte l'empreinte de Tomy Gousset, jeune chef d'origine cambodgienne au look rebelle, qui trace sa route
sans complexes, et avec le sourire ! Le garçon, venu
sur le tard à la cuisine (à 22 ans), se perfectionne au
Meurice, chez Taillevent et Boulud à New York. Accompagné de son fidèle second, Jérôme Favan, il
invente une partition gastro-bistrot ancrée dans son
temps, et place son «karma» (selon ses mots) au service du goût et du produit, avec une vraie démarche
locavore – il travaille les légumes de son potager, situé
à Courances, dans l'Essonne. Son crédo ? «Simplicité
et sophistication», ce qui se traduit dans notre jargon
par : «On se régale». Ce jour-là, un demi-homard breton pané, haricots blancs, chorizo, cébettes et citron
confits. A se damner.

À LA CARTE...

Tartelette de langue de bœuf, navets en pickles et sauce
gribiche • Filet de canette Apicius, blettes et figues rôties,
pommes dauphine • Tarte au chocolat à la fève tonka et glace
praliné

Cuisine traditionnelle • Élégant

LE VIOLON D'INGRES

Une enseigne au sens double pour Christian Constant : elle évoque à la fois sa passion pour la cuisine, héritée de sa grand-mère, et sa fascination pour le peintre éponyme, originaire comme lui de Montauban. Le nom de son premier restaurant était donc tout trouvé, quand il a décidé de voler de ses propres ailes après une brillante carrière dans les palaces et les grandes maisons (Ledoyen, Ritz, Crillon). Ici, fini les grosses brigades et les ambiances très huppées : Christian Constant s'exprime avec simplicité, faisant confiance à une équipe réduite, dans ce qui ressemble à une néobrasserie de luxe. La salle se pare de teintes taupe, brun et beige, avec de grands miroirs muraux pour en agrandir l'espace. On y déguste de belles recettes tra-ditionnelles – où le Sud-Ouest tient une bonne place –, d'une parfaite maîtrise technique, mais joliment mo-dernisées et toujours concoctées à base de produits de grande qualité. Un détail : pensez à réserver, c'est souvent complet.

Menu 49 € (déjeuner), 130 € – Carte 87/99 €
135 rue St-Dominique (7ᵉ)
TEL. 01 45 55 15 05
www.maisonconstant.com
Ⓜ École Militaire

🅰🅲

À LA CARTE...

Fine gelée d'araignée de mer, crémeux de tourteau à l'infu-sion d'herbes • Suprême de bar croustillant aux amandes, jus acidulé aux câpres et citron • Soufflé chaud au Grand Marnier

Cuisine moderne • Bistro

AU BON ACCUEIL

À deux pas de la tour Eiffel, ce bistrot gastronomique a plus d'un(e) tour dans son sac pour conquérir le cœur du public. Sous les auspices de la grande dame, on se réfugie avec bonheur dans sa salle à l'élégance discrète, pour s'enivrer de saveurs nettes et simples, habilement mises en valeur. Le marché et les produits de qualité dictent chaque jour les intitulés du menu : poulpe grillé, pommes de terre écrasées, sauce aïoli ; selle d'agneau rôtie et épaule confite, couscous et oignons ; terrine au chocolat noir et fraises...

À LA CARTE...

Carpaccio de filets de canard marinés, prunes et betteraves rouges confites • Langue de veau braisée, salicornes, champignons poêlés et jus de viande • Blanc-manger à la menthe, orange, meringue et glace au lait

Menu 36/55 € – Carte 60/80 €

14 rue de Monttessuy (7ᵉ)
TEL. 01 47 05 46 11
www.aubonaccueilparis.com
Ⓜ Alma Marceau

Fermé 12-31 août, samedi, dimanche

Cuisine classique • Élégant

CHEZ LES ANGES

Manger au paradis, cela vous tente ? La salle profite pleinement de la lumière du jour grâce à ses larges baies vitrées, et l'on peut s'attabler autour d'un grand comptoir central... Côté déco, esprit contemporain oblige, des vitrines habillent les murs et abritent de bien jolis nectars honorant toutes les régions viticoles françaises. La cuisine est juste et sincère, variant en fonction du marché : langoustines, cheveux d'ange et rémoulade de céleri rave, ou encore sole de St-Gilles-Croix-de-Vie meunière et volaille de Bresse... Et en accompagnement, une belle carte de vins et whiskys.

À LA CARTE...

Légumes à la grecque, betterave et huile au romarin • Quasi de veau rôti, purée de chou-fleur et jus de viande • Tarte au chocolat noir, glace vanille

Menu 37/55 € – Carte 61/83 €

54 boulevard de la Tour-Maubourg (7ᵉ)
TEL. 01 47 05 89 86
www.chezlesanges.com
Ⓜ La Tour Maubourg

Fermé 12-31 août, samedi, dimanche

Cuisine moderne • *Tendance*

LE CLOS DES GOURMETS

L'adresse n'a pas volé son nom ! Côté clos, une belle salle habillée de boiseries peintes en blanc, avec des tables bien dressées et une véranda. Simplicité, élégance, chaleur. Côté gourmets, le style du chef, Arnaud Pitrois, se reconnaît sans hésitation. Tirant profit des leçons de son maître Guy Savoy, il élabore une cuisine personnelle, inventive et pleine de parfums : persillé de lapin en gelée parfumée à l'estragon, poulette du Gers rôtie et ses pommes grenaille, tête de cochon croustillante à la vinaigrette d'herbes. Et le chapitre n'est pas clos...

À LA CARTE...

Poulpe en minestrone froid au basilic et shiso • Dos de cabillaud aux graines de sarrasin torréfiées, pulpe d'aubergine et vinaigrette d'huîtres • Vacherin glacé abricot-romarin et lait d'amande

Menu 30 € (déjeuner), 35/42 € – Carte 43/56 €

16 avenue Rapp (7e)
TEL. 01 45 51 75 61
www.closdesgourmets.com
Ⓜ **Alma Marceau**

Fermé 1er-20 août, lundi, dimanche

Cuisine traditionnelle • *Tendance*

LES COCOTTES - TOUR EIFFEL

Encore une création de Christian Constant, dans le sillage des autres adresses de son fief gourmand, la rue St-Dominique. Le concept ? Des cocottes ! Version Staub, en fonte gris anthracite, servies dans un décor à part : ni resto ni bistrot, le lieu s'organise autour d'un comptoir tout en longueur, stylé avec ses tabourets haut perchés. On patiente souvent avant d'obtenir une place (pas de réservation), car l'affiche se révèle très alléchante : velouté de légumes d'autrefois, terrine de campagne, pommes de terre caramélisées farcies au pied de porc, pigeon fermier rôti à l'ail. Vive les plats mijotés !

À LA CARTE...

La vraie salade « César Ritz » • Pommes de terre caramélisées farcies au pied de porc • Tarte au chocolat Christian Constant

Menu 28 € (déjeuner), 35 € – Carte 34/59 €

135 rue St-Dominique (7e)
TEL. 01 45 50 10 28
www.maisonconstant.com
Ⓜ **École Militaire**

Cuisine traditionnelle · Vintage

LA LAITERIE SAINTE-CLOTILDE

Originale dans le quartier des ministères, cette ancienne laiterie (fin du 19ᵉ s.) cultive... un vrai esprit bobo-nostalgique : collection de chaises en formica (dépareillées, comme il se doit), ambiance informelle et, côté menu, une cuisine mi-bistrot mi-ménagère au goût d'autrefois. Au menu : soupe de tomate à l'origan sauvage, compotée d'avocat ; quasi de veau et fenouil braisé à l'orange ; gâteau au chocolat, etc. L'ardoise respire l'évidence ! En prime, un choix bien pensé d'une vingtaine de bouteilles de vin et une addition qui ne vous prend pas pour... une vache à lait. À déguster d'une traite.

À LA CARTE...

Salade de lentilles, gambas et herbes thaïes • Joue de porc aux coques, pommes de terre rôties • Ananas, citron vert et gingembre

Menu 28 € (déjeuner) – Carte 35/45 €

64 rue de Bellechasse (7ᵉ)
TEL. 01 45 51 74 61
Ⓜ **Solférino**

Fermé 31 juillet-26 août,
21 décembre-2 janvier, samedi midi, dimanche

Cuisine basque · Convivial

POTTOKA

Drôle de nom au cœur du très classique 7ᵉ arrondissement. Originellement, Pottoka est l'emblème de l'Aviron bayonnais – le club de rugby, comme son nom ne l'indique pas –, une sympathique mascotte à mi-chemin entre Footix et Petit Poney ! Depuis quelques années, c'est aussi le nom de ce bistrot basque pelotonné au cœur du quartier des ministères. Jambon de Bayonne, chorizo, piment d'Espelette, ossau-iraty, gâteau basque, etc. : essai transformé sur toute la ligne pour une cuisine généreuse, colorée et bien tournée, qui fait galoper jusqu'à la frontière espagnole bien plus vite qu'un TGV. À s'en effilocher les espadrilles !

À LA CARTE...

Gaspacho de tomates, crème d'avocat, sorbet basilic et croquette de pied de cochon • Poitrine de cochon basque, mousseline de potimarron et girolles au jus • Gâteau basque maison, glace mascarpone

Menu 28 € (déjeuner), 37/65 € – Carte 37/65 €

4 rue de l'Exposition (7ᵉ)
TEL. 01 45 51 88 38
www.pottoka.fr
Ⓜ **École Militaire**

Fermé 23 juillet-19 août

A/C

*Cuisine traditionnelle •
Classique*

20 EIFFEL

Le cadre a beau être sobre (teintes de gris, banquettes), l'emplacement est imprenable. À deux pas de la Tour Eiffel, mais à l'écart des autoroutes touristiques, ce restaurant propose une cuisine au goût du jour enlevée, exécutée à quatre mains. On se régale par exemple de la tomate façon bavarois, anchois et olives, ou d'un beau filet de lieu jaune sauvage et potimarron, dont on appréciera la justesse de la cuisson. En dessert, la meringue surprise aux fraises, sorbet et mousse légère à la violette devrait aussi vous séduire. Une nouvelle adresse bienvenue au cœur du 7ᵉ arrondissement, quartier résidentiel s'il en est !

À LA CARTE...
Galette de pieds de porc • Ris de veau croustillant • Soufflé au Grand Marnier

Menu 33 € – Carte 49/55 €

20 rue de Monttessuy (7ᵉ)
TEL. 01 47 05 14 20
www.restaurant20eiffel.fr
Ⓜ **Alma Marceau**

Fermé 2-11 janvier, 5-16 mai, 1ᵉʳ-13 septembre, lundi, dimanche

Ⓐ/C

Cuisine moderne • Bistro

L'AMI JEAN

Passionné du beau produit de saison, Stéphane Jégo sert une cuisine pleine de générosité et de saveurs. Des plats au caractère bien trempé ! Réservation indispensable.

Menu 35 € (déjeuner) – Carte 66/81 €

27 rue Malar (7ᵉ)
TEL. 01 47 05 86 89
www.lamijean.fr
Ⓜ **La Tour Maubourg**

Fermé 1ᵉʳ-31 août, 23 décembre-2 janvier, lundi, dimanche

Cuisine moderne • Convivial

ARNAUD NICOLAS

Un charcutier sachant cuisiner ne court pas les rues, et surtout pas celles de ce secteur résidentiel du 7ème arrondissement (à deux pas de la Tour Eiffel, tout de même) ! Présent au Boudoir, sa première affaire, le chef patron s'approprie pâté en croûte et terrine, pour imaginer une haute couture charcutière. A déguster dans un cadre sobre et élégant. A l'entrée du restaurant, un coin boutique permet de prolonger l'expérience culinaire.

Menu 35 € (déjeuner), 62 € – Carte 47/68 €

46 avenue de la Bourdonnais (7ᵉ)
TEL. 01 45 55 59 59
www.arnaudnicolas.paris
Ⓜ **École Militaire**

Fermé lundi midi, dimanche

🛋 ♿ Ⓐ/C

20 Eiffel

🍽️

Cuisine moderne · Brasserie

BRASSERIE THOUMIEUX BY SYLVESTRE

Banquettes rouges et miroirs, actrices et hommes du monde : cette brasserie de 1923 marie Belle Époque et actualité ! Foie gras de canard poêlé aux figues, «big burger XXL», volaille jaune des Landes rôtie : la carte fait de jolies œillades à l'esprit des lieux. Un régal !

Menu 29 € (déjeuner) – Carte 50/80 €

79 rue St-Dominique (7ᵉ)
TEL. 01 47 05 79 00
www.thoumieux.fr
Ⓜ La Tour Maubourg

🍽️

Cuisine traditionnelle · Bistro

CAFÉ CONSTANT

Cette annexe de Christian Constant conjugue recettes bistrotières et prix doux : œufs mimosa, tartare de saumon, huîtres et bar au gingembre, parmentier de cuisse de canard croisé au vin rouge, pommes gaufrettes, etc. Simple, gourmand, convivial... et sans réservation : premier arrivé, premier servi !

**Menu 27 € (déjeuner), 37 € –
Carte 38/54 €**

139 rue St-Dominique (7ᵉ)
TEL. 01 47 53 73 34
www.maisonconstant.com
Ⓜ École Militaire

🅰️🅲

🍽️

Cuisine moderne · Convivial

CLOVER GREEN

Une mini-salle sobre et épurée, au fond de laquelle trois cuisiniers s'agitent aux fourneaux : bienvenue dans la nouvelle adresse de poche de Jean-François Piège, en plein cœur de St-Germain-des-Prés. Au fil d'un menu rondement mené, on se régale d'une cuisine fine, colorée et forte en saveurs. Réservation indispensable.

Menu 37 € (déjeuner), 58/68 €

5 rue Perronet (7ᵉ)
TEL. 01 75 50 00 05
www.clover-paris.com
Ⓜ St-Germain-des-Près

Fermé 14-28 août, lundi, dimanche

🍽️

Cuisine moderne · Branché

RACINES DES PRÉS

Cette adresse du cœur de Saint-Germain-des-Prés ne désemplit pas, et pour cause, tout y est à sa place : cuisine-comptoir, ambiance vintage décontractée, plats de bistrot bien tournés, à l'image de cet œuf parfait aux champignons de paris et noisettes. Le tout accompagné de vins choisis, issus de petites cuvées de vignerons. Un coup de maître – et de cœur.

**Menu 36 € (déjeuner), 70 € –
Carte 48/68 €**

1 rue de Gribeauval (7ᵉ)
TEL. 01 45 48 14 16
www.racinesdespres.com
Ⓜ Rue du Bac

Fermé samedi midi, dimanche

Cuisine traditionnelle •
Convivial

LE RÉCAMIER

Installez-vous sur la belle terrasse d'été de ce sympathique restaurant, situé à deux pas du Bon Marché et de l'hôtel Lutétia, dans une rue calme et piétonne. Ce jour-là, au menu : soufflé au fromage, filet de bœuf sauce au poivre, soufflé Grand Marnier... Une cuisine traditionnelle goûteuse et bien troussée.

Carte 35/50 €

4 rue Récamier (7ᵉ)
TEL. 01 45 48 86 58
Ⓜ **Sèvres Babylone**

 Cuisine thaïlandaise •
Élégant

THIOU

Apiradee Thirakomen (« Thiou » est son surnom) a emmené avec elle tout le personnel thaï de son ancienne adresse, et rayonne aujourd'hui en face du dôme des Invalides. La cuisine est fidèle à elle-même, goûteuse et préparée avec de bons produits frais : ravioles de crevettes, phad thaï, ou encore le mystérieux – et vorace ! – «tigre qui pleure»... Un vrai bonheur.

Menu 52 € – Carte 50/85 €

94 boulevard de la Tour-Maubourg (7ᵉ)
TEL. 01 76 21 78 84
www.restaurant-thiou.fr
Ⓜ **La Tour Maubourg**

Fermé 10-19 août, samedi midi, dimanche soir

S. Segura/hemis.fr

8^e

CHAMPS-ÉLYSÉES •
CONCORDE •
MADELEINE

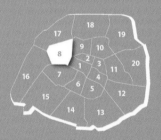

❀❀❀

Cuisine créative • Luxe

ALAIN DUCASSE AU PLAZA ATHÉNÉE

Il y a chez le chef multi-étoilé (et homme d'affaires) Alain Ducasse quelque chose qui le contraint, en permanence, à se réinventer. En 2014, il surprend le monde de la gastronomie en privilégiant la trilogie «poissons, légumes, céréales» au mythique restaurant du Plaza Athénée, avenue Montaigne. Certains y voient une provocation, d'autres une folie. Cinq ans plus tard, l'adresse affiche fièrement ses trois étoiles. Son chef exécutif, Romain Meder se trouve à la tête du vaisseau amiral, ambassadeur de cette «naturalité», dont la genèse provient d'une réflexion sur l'état de la planète. La terre possède des ressources rares : il faut donc la consommer plus éthiquement et équitablement. «Plus le produit est modeste, plus il faut lui témoigner de l'attention, résume Alain Ducasse. La sardine, servie débarrassée de ses chairs, est un hymne à la précision du cuisinier. Il est plus facile de travailler un saint-pierre». Alain Ducasse, en toute naturalité.

À LA CARTE...

Lentilles vertes du Puy et caviar, délicate gelée d'anguille fumée • Bar de l'Atlantique, courgette et pâtissons, wakame de pêche côtière • Chocolat de notre manufacture, céréales toastées, sorbet cacao-single malt

Menu 210 € (déjeuner),
395 € – Carte 250/395 €

25 avenue Montaigne (8ᵉ)
TEL. 01 53 67 65 00
www.alain-ducasse.com
Ⓜ Alma Marceau

**Fermé 19 juillet-27 août,
20-30 décembre, lundi midi,
mardi midi, mercredi midi, samedi,
dimanche**

✿✿✿
Cuisine moderne • Luxe

ALLÉNO PARIS
AU PAVILLON LEDOYEN

Cette prestigieuse institution parisienne, installée dans un élégant pavillon des jardins des Champs-Élysées, incarne l'image même du grand restaurant à la française : le luxe du décor, la culture des arts de la table, le service orchestré avec élégance, tout dessine un écrin unique à la gloire de la gastronomie. De vastes baies vitrées ouvrent sur les Champs-Élysées. En maître d'œuvre, le médiatique chef Yannick Alléno, ancien chef du Meurice, trois étoiles chez Ledoyen depuis 2015.

Il a réalisé un véritable tour de force en y imprimant d'emblée sa signature, avec une cuisine éblouissante, technique, même si parfois un tantinet compliquée – ainsi ce chevreuil de Sologne, choux fondants au jus animal, râpé de filet de bœuf, dos iodé au bouillon, riz brûlant aux baies de genièvre... Mention spéciale pour ses jus et ses sauces (ce que le chef appelle «le verbe de la cuisine française»), magnifiés à travers de savantes extractions : ou comment l'avant-garde se met au service de la grande tradition culinaire française.

Menu 145 € (déjeuner),
380 € – Carte 188/380 €

**8 avenue Dutuit
(carré Champs-Élysées) (8ᵉ)
TEL. 01 53 05 10 00
www.yannick-alleno.com
Ⓜ Champs-Elysées Clemenceau**

Fermé samedi midi, dimanche

À LA CARTE...
Rouget cuit dans un coffre de tourteau au jus de coquillages • Tronçon de turbot étuvé, risotto de tout petits pois, lentilles et sarrasin au cerfeuil • Meringue au charbon de bois et cardamome, glace fleur d'oranger

Philippe Vaures Santamaria/Alléno Paris au Pavillon Ledoyen

❁ ❁ ❁

Cuisine moderne • Luxe

LE CINQ

Quel style, quel luxe opulent, entre colonnes altières, moulures, ou hautes gerbes de fleurs, sans oublier la douce lumière provenant du jardin intérieur... Difficile de garder les yeux dans l'assiette. Ce serait dommage : impossible de départager le carpaccio de langoustines, agrumes et avocat aux fruits de la passion de la lotte rôtie au beurre noisette, aubergine à la flamme, fromage de brebis et tomates confites... ou la célèbre gratinée d'oignons. Le service est souriant et attentionné. Bienvenue au Four Seasons George V, le royaume du chef Christian Le Squer.

De sa Bretagne natale, il a conservé avant tout le goût du large – signant de superbes hommages au poisson – , mais aussi des plats terriens. Formé dans de prestigieuses maisons parisiennes (Lucas Carton, Taillevent, Le Ritz), Christian Le Squer succède en 1999 à Ghislaine Arabian au Pavillon Ledoyen, où il sera récompensé par trois étoiles, en 2002. «Je porte la tradition vers la modernité, a-t-il coutume de dire. Comme chez Chanel : le tailleur a été créé, et ensuite, il a suivi l'évolution de la mode.»

À LA CARTE...

Gratinée d'oignons contemporaine à la parisienne • Bar de ligne au caviar et lait ribot de mon enfance • Givré laitier au goût de levure

Menu 145 € (déjeuner),
340 € – Carte 195/360 €

31 avenue George V (8ᵉ)
TEL. 01 49 52 71 54
www.restaurant-lecinq.com
Ⓜ George V

Le Cinq • Bernhard Winkelmann/Le Cinq

✿✿✿
Cuisine moderne • Luxe

ÉPICURE

Le Bristol est un monde à part, un univers de luxe absolu, de suites en Spa, du superbe jardin français à la piscine sur les toits. Il y a même un sacré de Birmanie. Il y a surtout le restaurant Épicure, où officie Éric Frechon. Une salle d'un classicisme brillant, mobilier de style Louis XVI, pierre blonde, miroirs, le tout scandé par de grandes portes-fenêtres ouvertes sur la verdure.

Le palace a choisi le nom d'Épicure pour enseigne : un philosophe grec, chantre du plaisir dans la tempérance. Presque une devise pour Éric Frechon : « Mon grand-père cultivait des légumes, mon père les vendait, moi, je les cuisine. ». Le jeune homme, qui vit alors au Tréport, en Seine-Maritime, se fait embaucher dans un restaurant sur le bord de mer. Ellipse : en 1993, il devient MOF et, après avoir officié au Crillon, reçoit la consécration suprême au Bristol en 2009. Le chef reste dans le droit fil de la belle tradition culinaire.

À LA CARTE...

Macaronis farcis, truffe noire, artichaut et foie gras gratinés au vieux parmesan • Poularde de Bresse en vessie, suprêmes au vin jaune, écrevisses et girolles • Cacao du Guatemala, pépites de grué sablées à la fleur de sel, émulsion de lait fumé à la vanille

Menu 145 € (déjeuner),
340 € – Carte 173/287 €

**112 rue du Faubourg
Saint-Honoré (8ᵉ)
TEL. 01 53 43 43 40
www.lebristolparis.com**
Ⓜ Miromesnil

Menu 90 € (déjeuner), 315 € –
Carte 320/400 €

6 rue Balzac (8ᵉ)
TEL. 01 58 36 12 50
www.pierregagnaire.com
Ⓜ George V

Fermé 3-26 août,
30 décembre-7 janvier, samedi,
dimanche

❀❀❀
Cuisine créative · Élégant

PIERRE GAGNAIRE

Pierre Gagnaire est l'asticoteur en chef de la cuisine française. Jonglant d'une adresse à l'autre, entre Paris, Londres, Tokyo ou Hong Kong, celui qui a été sacré meilleur chef du monde par ses pairs en 2015 réalise une cuisine d'auteur exploratrice, entière, excessive. Ce grand amateur de jazz et d'art contemporain cherche sans relâche. Le restaurant Le Balzac, trois étoiles depuis 1996, est son laboratoire, et le lieu de sa résurrection, après la fermeture de son restaurant de Saint-Étienne en mai 1995.

Le cadre lui ressemble : moderne et sobre, jouant la note du raffinement discret, ton sur ton avec le service, attentionné et délicat. Les assiettes aussi : poétiques, en réinvention permanente, si bien qu'il est impossible de citer un plat emblématique, ou une qualité principale, si ce n'est l'excellence.

« La cuisine ne se mesure pas en termes de tradition ou de modernité. On doit y lire la tendresse du cuisinier. » Tout Gagnaire est là.

À LA CARTE...

Le jardin marin • Canard de Challans rôti et fumé sous une cloche au chocolat • Le grand dessert de Pierre Gagnaire

✿ ✿
Cuisine moderne • *Luxe*

LE CLARENCE

Christophe Pelé au Clarence ? D'abord, on n'y a pas cru. Que viendrait donc faire l'artiste torturé de la Bigarrade (2 étoiles des Batignolles, à Paris, 2007-2012) dans ce somptueux hôtel particulier de 1884 situé à proximité des Champs-Élysées, et dont le cadre luxueux - murs tendus de tissus, boiseries murales dans la bibliothèque – invite à proposer une cuisine française bourgeoise ? Figurez-vous que la greffe a pris. Il est vrai que le chef connaît bien l'arrondissement parisien, pour avoir officié chez Ledoyen, Lasserre, Pierre Gagnaire, ou au Bristol.

Pour vous en assurer, prenez l'apéritif dans le grand salon, au deuxième étage, dont le décor s'inspire du Château Haut-Brion. Aux fourneaux, ça swingue ! Christophe Pelé est un artiste de l'association terre et mer - ainsi ce petit tartare de bœuf surpris en grande conversation avec une huître, ou la lotte, ravie d'être accompagnée d'un pied de porc. Quant à la somptueuse carte des vins, elle donne le vertige... avant même de boire un verre. Demandez à ce propos à visiter la superbe cave voûtée qui abrite les grands crus.

Menu 90 € (déjeuner),
130/320 €

**31 avenue Franklin-D.-Roosevelt
(8ᵉ)**
TEL. 01 82 82 10 10
www.le-clarence.paris
Ⓜ **Franklin D. Roosevelt**

**Fermé 4-27 août,
30 décembre-7 janvier, lundi, mardi
midi, dimanche**

À LA CARTE...
Seiche de casier, raviole de potimarron et jus à l'encre de seiche • Turbot, oseille et huile d'argan • Crémeux citron-safran

Menu 95 € (déjeuner),
215/280 € – Carte 192/260 €

42 avenue Gabriel (8e)
TEL. 01 58 36 60 50
www.lareserve-paris.com
Ⓜ **Champs-Elysées Clemenceau**

Fermé samedi midi

✿✿
Cuisine moderne • Élégant

LE GABRIEL

À deux pas des Champs-Élysées, ce restaurant est installé dans le décor élégant et luxueux de La Réserve, un ancien hôtel particulier du 19e s. Parquet Versailles, cuir de Cordoue patiné à l'or... le décor impose son élégance racée, sans ostentation. En cuisine, Jérôme Banctel est un habitué des grandes maisons parisiennes – 10 ans passés au Lucas Carton, 8 ans à L'Ambroisie. Un coup de cœur particulier ? Sans doute cette magnifique pomme d'un ris de veau de lait de belle taille de la maison Desnoyer. La cuisson est parfaite : croustillant en surface, avec cette fine couche croquante qui laisse ensuite découvrir un cœur fondant, porté par un jus de veau corsé et une saveur plus végétale, apportée par une fine crème de cresson. Avouons aussi un faible pour le homard, carbonara d'oignons et chorizo. Terre ou mer : soyez gourmands sans réserve.

À LA CARTE...

Cœur d'artichaut de Macau en impression de fleur de cerisier et coriandre fraîche • Pigeon de Racan mariné au cacao et sarrasin croustillant • Grains de café et crème glacée au sirop de merisier

❀❀

Cuisine moderne • Élégant

LE GRAND RESTAURANT - JEAN-FRANÇOIS PIÈGE

Bienvenue dans le «laboratoire de grande cuisine» de Jean-François Piège : une salle minuscule – 25 couverts maximum – surplombée d'une verrière tout en angles et en reflets, une grande cuisine construite autour d'un piano ovale et entièrement dessinée par le chef himself... qui peut y exprimer librement toute l'étendue de son expérience et de son savoir-faire. Or, c'est bien connu, il n'est rien de plus compliqué que de faire simple. Le blanc-manger, dessert phare du chef Piège, en est un exemple éclatant : cette île flottante inversée, d'une grande légèreté, dissimule en son cœur une savoureuse crème anglaise à la vanille. Loin des caméras de télévision, maître dans cet endroit qu'il a rêvé puis conçu, Jean-François Piège montre sa capacité à créer, d'un geste, l'émotion culinaire, sans jamais donner dans la démonstration. Voilà amplement de quoi traverser la Seine pour aller le trouver dans «sa» maison.

Menu 116 € (déjeuner), 306/706 € – Carte 196/266 €

7 rue d'Aguesseau (8ᵉ)
TEL. 01 53 05 00 00
www.jeanfrancoispiege.com
Ⓜ Madeleine

Fermé samedi, dimanche

❀❀ ♿ A/C

À LA CARTE...

Caviar servi sur une pomme soufflée craquante, crème de crustacés en chaud-froid • Mijoté de homard en feuilles de cassis sur les carapaces, exsudat des baies et amandes fraîches • Le grand dessert

✿✿

Cuisine moderne • Élégant

LA SCÈNE

Au cœur de l'élégant hôtel Prince de Galles, situé à deux pas de l'avenue des Champs-Élysées, cette Scène braque tous les projecteurs sur les cuisines, séparées de la salle par un simple comptoir de marbre blanc. Ici officie Stéphanie Le Quellec qui semble, plus que jamais, en pleine maîtrise de son art.

Sa formation des plus académiques et son solide parcours à travers des maisons de renom expliquent sans doute l'exigence et la rigueur de la chef, mais ils ne disent pas tout le reste : le geste tout en délicatesse, l'invention savamment dosée, jamais gratuite, et la capacité à bannir la banalité de la carte... Sur cette Scène où tout se joue en direct, les assiettes séduisent, enchantent, emportent : un grand moment de plaisir !

À LA CARTE...

Caviar osciètre, pain mi-perdu et mi-soufflé, pomme Pompadour • Pigeon des Costières rôti sur coffre, artichaut violet et girolles • Vanille en crème glacée, esprit d'une omelette norvégienne

Menu 125/185 € –
Carte 125/165 €

33 avenue George V (8ᵉ)
TEL. 01 53 23 78 50
www.restaurant-la-scene.fr
Ⓜ **George V**

Fermé 24 février-4 mars,
28 juillet-30 août, lundi, mardi
midi, mercredi midi, jeudi midi,
vendredi midi, samedi midi,
dimanche

Benoit Linero/La Scène - Hôtel Prince de Galles

116

Cuisine japonaise • Design

L'ABYSSE AU PAVILLON LEDOYEN

Un maître sushi fraîchement arrivé du Japon, des produits d'une remarquable qualité (poissons ikejime de l'Atlantique) et la patte créative de Yannick Alléno... Le programme est alléchant. La salle, épurée, fait la part belle aux artistes contemporains - de l'installation de milliers de baguettes en bois par Tadashi Kawamata, « street artist » japonais, aux pans de murs de céramiques, imaginés par l'artiste américain William Coggin. Ajoutons à cela le service tiré à quatre épingles d'une grande maison, un somptueux livre de cave riche de sakés recherchés et douze places au comptoir en bois blond, pour se trouver au cœur de l'action. Détonant !

À LA CARTE...
Orphie au sudachi, haricots noirs et betterave • Collection de sushis nigiris • Sélection d'amamis

Menu 98 € (déjeuner), 170/280 €

8 avenue Dutuit (carré Champs-Elysées) (8ᵉ)
TEL. 01 53 05 10 00
www.yannick-alleno.com
Ⓜ Champs-Elysées Clemenceau
Fermé samedi, dimanche

8ᵉ • CHAMPS-ÉLYSÉES • CONCORDE • MADELEINE

Michelin

117

Menu 65 € (déjeuner),
130/160 €

7 rue Tronchet (8ᵉ)
TEL. 01 40 67 11 16
www.akrame.com
Ⓜ Madeleine

Fermé 19-31 août, 24-30 décembre,
samedi, dimanche

🛖 ♿

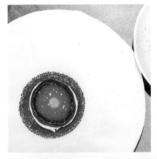

Cuisine créative · Design

AKRAME

À deux pas de la Madeleine, Akrame Benallal a posé ses valises et ses couteaux dans un lieu bien protégé des regards, derrière une immense porte cochère. En bon amateur du travail de Pierre Soulages, Akrame a voulu son intérieur dominé par le noir et résolument contemporain – on y trouve plusieurs photographies, et, au plafond, une étonnante sculpture d'un homme qui tombe... Dans l'assiette, le chef assume son statut d'« aubergiste contemporain », et l'on retrouve ici une bonne partie de ce qui avait fait le succès de sa précédente adresse, rue Lauriston. Au fil d'un menu unique bien troussé, il fait preuve d'une grande inventivité pour donner le meilleur de produits d'excellente qualité ; les assiettes sont travaillées avec beaucoup de soin. Comme on l'imagine, le succès est au rendez-vous !

À LA CARTE...
Cuisine du marché

Olivier Decker/Michelin

❀

Cuisine moderne • Élégant

APICIUS

Installé dans un somptueux hôtel particulier du 18ᵉ s. aux airs de petit palais, Apicius – baptisé ainsi en hommage à cet épicurien de l'Antiquité romaine qui aurait écrit le premier livre culinaire – est entré dans une ère de changements... pour le meilleur ! Mathieu Pacaud a remplacé Jean-Pierre Vigato, demeuré aux fourneaux depuis plus de quarante ans. Les assiettes perpétuent la belle tradition bourgeoise et réalisent la synthèse entre classicisme et créativité.

Menu 120 € (déjeuner),
180/250 € – Carte 160/230 €

20 rue d'Artois (8ᵉ)
TEL. 01 43 80 19 66
www.restaurant-apicius.com
Ⓜ St-Philippe du Roule

Fermé dimanche

À LA CARTE...
Langoustines crues rafraîchies au caviar golden, tropézienne anisée en chaud-froid • Turbot rôti à l'huile de figuier, coques et couteaux à l'extraction d'oseille • Vacherin «enigma», copeaux meringués et sorbet noix de coco

Menu 59 € (déjeuner),
109/159 €

3 rue Saint-Philippe du Roule (8ᵉ)
TEL. 01 42 25 55 98
www.larome.fr
Ⓜ St-Philippe-du-Roule

Fermé samedi, dimanche

❀

Cuisine moderne • Chic

L'ARÔME

Humer un arôme, un parfum, un bouquet : un allé-chant programme proposé par Éric Martins, grand professionnel de l'accord mets et vins, qui sélectionne minutieusement chaque bouteille de sa cave. Il mène de main de maître cette table délicate qui séduit par ses assiettes inventives. Grand amoureux des produits de saison, le jeune chef, Thomas Boullault – ancien du Royal Monceau et du George V –, élabore une cui-sine raffinée et contemporaine. Les menus changent chaque jour au gré du marché... Vous tomberez sous le charme de la délicatesse et de l'équilibre des sa-veurs : thon rouge mi-cuit fumé au foin, côte de veau aux morilles... On vient, on y revient.

À LA CARTE...

Pressé de tourteau breton, avocat, riz koshihikari et eau de tomate • Pavé de veau, ravioles de céleri à la ricotta, cédrat confit et jus aux girolles • Soufflé chaud à l'amande, marme-lade et sorbet abricot

Cuisine créative • Design

L'ATELIER DE JOËL ROBUCHON - ÉTOILE

Paris, Londres, Las Vegas, Tokyo, Taipei, Hong Kong, Singapour... et encore une fois Paris. Avec deux pieds dans la capitale française, les célèbres Ateliers font, au sens propre, le tour du monde. Beau symbole, cet opus est né à deux pas de l'Arc de Triomphe, au niveau - 1 du Publicis Drugstore des Champs-Élysées. Destin franco-international, donc, pour ce concept qui colle à l'époque et à la tendance, version planète mondialisée. Un décor tout en rouge et noir ; un grand comptoir autour duquel on prend place sur de hauts tabourets, face à la brigade à l'œuvre ; une ambiance feutrée et à la fois décontractée : l'enseigne incarne une approche contemporaine de la haute cuisine. Sans se départir de la plus grande exigence, la carte laisse au client le choix entre petites portions dégustation ou portions normales. Un concept chic et toujours novateur, imaginé par le grand chef, décédé l'année dernière.

Menu 49 € (déjeuner),
99/199 € – Carte 100/210 €

**133 avenue des Champs-Elysées
(Publicis Drugstore niveau -1) (8e)
TEL. 01 47 23 75 75
www.joel-robuchon.com
Ⓜ Charles de Gaulle-Étoile**

À LA CARTE...
Langoustine en ravioli truffé à l'étuvée de chou vert • Côtelettes d'agneau de lait à la fleur de thym • Chocolat tendance, crémeux onctueux au chocolat araguani, sorbet cacao et biscuit Oréo

※

Cuisine moderne · Élégant

114, FAUBOURG

Menu 119 € – Carte 84/115 €

**114 rue du Faubourg-Saint-Honoré
(8ᵉ)**

TEL. 01 53 43 44 44

www.lebristolparis.com

Ⓜ Miromesnil

Fermé samedi midi, dimanche midi

♿ 🄰🄲

Au sein du Bristol, une brasserie unique, assurément ! La salle interpelle au premier coup d'œil : traversée d'imposantes colonnes dorées, elle arbore sur ses murs orangés de grands motifs de dahlias luminescents. En son cœur s'ouvre un grand escalier, qui dessert le niveau inférieur où les tables côtoient les cuisines ouvertes. Chic, chatoyant, à la fois animé et confidentiel, ce lieu est une réussite.

Aux fourneaux, on revisite les grands classiques hexagonaux avec ce qu'il faut d'originalité : pâté en croûte, œufs king crab et mayonnaise au gingembre et citron ; tartare de bœuf aux huîtres de Marennes ; merlan frit à la sauce tartare ; ou encore millefeuille à la vanille Bourbon. Les assiettes sont soigneusement dressées et les saveurs s'y marient joliment. Une prestation dans les règles de l'art, aux tarifs certes élevés… mais ne sommes-nous pas dans un palace ?

À LA CARTE…
Œuf king-crab, mayonnaise au gingembre et citron • Sole, pousses d'épinard, huile vierge aux câpres • Millefeuille à la vanille Bourbon, caramel au beurre demi-sel

114, Faubourg • Roméo Balancourt/114, Faubourg - Le Bristol Paris

Cuisine créative • Épuré

LE CHIBERTA

Le Chiberta version Guy Savoy s'est choisi le noir comme couleur, le vin comme symbole et l'inventivité comme fil conducteur. En entrant, on est plongé dans un autre univers, tamisé, calme et feutré. Parfait pour les repas d'affaires comme pour les rencontres plus intimes. L'aménagement intérieur, conçu par l'architecte Jean-Michel Wilmotte, surprend par son minimalisme radical, tout en chic discret et design. La grande originalité du lieu reste indéniablement la « cave à vins verticale » : de grands crus habillant les murs à la manière d'une bibliothèque ou d'œuvres d'art. Entre deux alignements de bouteilles, des tableaux modernes et abstraits colorent ponctuellement l'espace. Confortablement installé à table, on apprécie toute l'étendue de la cuisine, supervisée par le « patron », qui revisite joliment la tradition.

Menu 49 € (déjeuner),
110 € – Carte 90/120 €

3 rue Arsène-Houssaye (8ᵉ)
TEL. 01 53 53 42 00
www.lechiberta.com
Ⓜ Charles de Gaulle-Etoile

Fermé 5-25 août, samedi midi, dimanche

À LA CARTE...

Courgette, condiment mimosa et caviar et fleur de courgette croustillante • Ris de veau laqué, girolles persillées, chou pak-choï et carottes multicolores • Fraises, framboises, amandes, ganache à l'amaretto et sorbet fruits rouges

Menu 55 € (déjeuner),
75/115 € – Carte 69/84 €

**142 avenue des Champs-Elysées
(Maison du Danemark - 1er étage)
(8e)
TEL. 01 44 13 86 26
www.restaurant-copenhague-paris.
fr**
Ⓜ George V

**Fermé 5 août-1er septembre,
samedi, dimanche**

❀

Cuisine danoise · Contemporain

COPENHAGUE

Sur les Champs-Élysées, la Maison du Danemark joue parfaitement son rôle d'ambassade culinaire du Grand Nord, et ce depuis 1955. Au 1er étage, le Copenhague offre un cadre apaisant avec son décor contemporain épuré et ses larges baies vitrées dominant l'avenue. À l'intérieur, ou installé sur l'agréable terrasse (dans une cour au calme, sur l'arrière), vous dégusterez la belle cuisine nordique d'Andréas Moller, valorisant de jolis produits, riche en légumes, herbes et fleurs, où s'épanouissent assaisonnements maîtrisés et notes acidulées. Chaque assiette bénéficie d'un travail précis et l'émotion est à la hauteur de la promesse. Une gastronomie tatouée aux influences scandinaves. « Velbekomme » (bon appétit) !

À LA CARTE...
Cuisine du marché

Cuisine classique • Élégant

DOMINIQUE BOUCHET

Du palace au bistrot : Dominique Bouchet a choisi. Lui qui dirigea les brigades du Crillon et de la Tour d'Argent, à Paris et au Japon, aspirait à plus de légè-reté, et peut-être plus de liberté. Plus rien à prouver en matière de haute gastronomie, l'envie de laisser la place aux générations montantes pour ouvrir enfin un restaurant à son nom, la volonté aussi de ne plus cou-rir après la perfection absolue ou les récompenses... Toutes ces raisons l'ont poussé à s'installer « chez lui » et à revenir à l'essentiel : une belle cuisine classique mise au goût du jour et incontestablement maîtrisée. C'est l'avantage de la sagesse que de ne pas s'égarer ! À noter, la belle sélection de vins au verre... mais aussi l'intérieur contemporain et chic, où s'installe confor-tablement la clientèle très « business » de ce quartier huppé.

Menu 58 € (déjeuner),
125 € – Carte 95/120 €

11 rue Treilhard (8e)
TEL. 01 45 61 09 46
www.dominique-bouchet.com
Ⓜ Miromesnil

Fermé 5-18 août, samedi, dimanche

À LA CARTE...

Parmentier de homard, beurre blanc, ciboulette et caviar • Côte de veau de lait fumé au foin et blettes à la crème • Mont-Blanc en coque de meringue et confiture de cassis

Menu 95 € (déjeuner),
195/260 € – Carte 150/245 €

10 place de la Concorde (8ᵉ)
TEL. 01 44 71 15 30
www.rosewoodhotels.com/fr/
hotel-de-crillon
Ⓜ Concorde

£3
Cuisine moderne • Élégant

L'ÉCRIN

L'ambassade de la grande cuisine du célèbre hôtel de Crillon a laissé place à l'Ecrin, salle «cachée», intimiste et intemporelle, pensée dans les moindres détails de l'Art de la table, loin, bien loin de l'ancienne salle de bal, toute de miroirs et pampilles, qui fit, la gloire, en son temps, de Jean-François Piège. La cuisine de Christopher Hache est axée sur la lisibilité, la saisonnalité et la saveur. Le chef a réalisé un tour du monde de deux ans pour s'imprégner des différentes cultures culinaires. A l'arrivée, une cuisine moderne, ciselée, selon un menu imposé en 7 ou 12 plats. Un écrin savoureux, donc, qui cristallise toutes les représentations du luxe à la française – le service, à l'ancienne, n'étant pas en reste ! L'art d'assumer un héritage, sans souci de révérence mais avec une technique éprouvée...

À LA CARTE...
Le champignon de Paris • Boudin blanc à la truffe blanche d'Alba, sauce champagne • Fleur de lait, glace au miel et pollen

Olivier Decker/Michelin

Cuisine italienne · Élégant

LE GEORGE

Magistral lustre Baccarat, blancheur immaculée du décor et délicates compositions florales... Le décor chic et décontracté, signé Pierre-Yves Rochon, ne laisse aucun doute : on est bien au sein du prestigieux hôtel Four Seasons George V ! Aux fourneaux du George depuis septembre 2016, Simone Zanoni y imprime sa patte culinaire – dont l'empreinte a évidemment la forme de la botte transalpine.

La cuisine garde de jolis accents maritimes, mais c'est plus précisément l'Italie qui remporte la mise ; on est sous le charme de cette cuisine aérienne, qui mise toujours sur la légèreté et les petites portions, avec un respect particulier des saveurs et des méthodes de cuisson propres à la Méditerranée. À déguster à l'intérieur ou sous la haute véranda, pour profiter de la cour par tous les temps.

À LA CARTE...

Ravioli de pintade à la truffe et crème de parmesan • Bar de ligne poêlé et son jus iodé • Déclinaison de noisettes du Piémont et citron

Menu 65 € (déjeuner), 110 € – Carte 65/120 €

31 avenue George-V (8e)
TEL. 01 49 52 72 09
www.legeorge.com
Ⓜ George V

Poissons et fruits de mer • *Élégant*

HELEN

Créé en 2012, Helen est aujourd'hui une valeur sûre parmi les restaurants de poisson des beaux quartiers. Au menu : uniquement des pièces sauvages issues de la pêche quotidienne de petits bateaux, travaillées avec grand soin et simplicité. Dans l'assiette, en effet, pas de fioritures, une seule règle compte : mettre en valeur les saveurs naturelles – et iodées – du poisson (cru, grillé, à la plancha, à la vapeur, etc.). Les amateurs sont aux anges ! De plus, la carte varie au gré des arrivages, proposant par exemple un carpaccio de daurade royale au citron caviar, des sardines à l'escabèche, un turbotin rôti à la sauge et pancetta, des rougets barbets meunière... Tout cela est servi avec précision et savoir-faire : certains poissons sont même découpés directement en salle.

Salle qui épouse également ce parti pris de sobriété, en faisant montre d'une épure toute contemporaine et d'une belle élégance... Helen, ou le raffinement dans la simplicité.

À LA CARTE...

Carpaccio de daurade royale au citron caviar • Bar de ligne aux olives taggiasche • Paris-brest

Menu 48 € (déjeuner),
138 € – Carte 80/170 €

3 rue Berryer (8ᵉ)
TEL. 01 40 76 01 40
www.helenrestaurant.com
Ⓜ George V

Fermé 3-27 août,
23 décembre-3 janvier, lundi,
samedi midi, dimanche

Helen • Janine Gebran/Helen

Cuisine italienne • Élégant

IL CARPACCIO

Au cœur du Royal Monceau, palace exclusif s'il en est, on accède à Il Carpaccio par un couloir nacré, orné de milliers de coquillages. Une belle évocation des nymphées du baroque italien ! Le ton est donné : vous voilà transporté en Italie, version artiste et raffinée. Dans le décor de la salle, le soleil de la Botte peut bien resplendir : c'est un véritable jardin d'hiver, entièrement ceint de verrières, aux couleurs printanières.

Un bel écrin, donc, pour une cuisine qui joue avec subtilité la carte de la gastronomie transalpine. Nulle sophistication inutile, point de fioritures : dans l'esprit du pays, les assiettes cultivent avant tout le goût des bons produits et des saveurs naturelles, autour d'ingrédients phares sélectionnés avec soin. Même esprit du côté des vins, principalement en provenance du Piémont et de la Toscane. Enfin, les desserts sont signés Pierre Hermé, qui revisite avec le talent qu'on lui connaît les classiques de la péninsule. Au final, voilà une belle évocation de l'Italie...

Menu 120/145 € –
Carte 97/133 €

37 avenue Hoche (8ᵉ)
TEL. 01 42 99 88 12
www.leroyalmonceau.com
 Charles de Gaulle-Etoile

Fermé 28 juillet-27 août, lundi, dimanche

À LA CARTE...

Carpaccio de gambas rouges de Sicile, confiture de tomates et gingembre, caviar italien • Filet de saint-pierre, carpaccio de cèpe, poivron friggitello et mousserons • Baba au limoncello, crème citron, citron frais et semi-confit, sorbet au citron de Méditerranée

Menu 190 € – Carte 130/175 €

17 avenue Franklin-D.-Roosevelt (8ᵉ)
TEL. 01 43 59 02 13
www.restaurant-lasserre.com
Ⓜ Franklin D. Roosevelt

Fermé 1ᵉʳ-31 août, lundi midi, mardi midi, mercredi midi, jeudi midi, vendredi midi, samedi midi, dimanche

Cuisine classique • Luxe

LASSERRE

Tout près des Champs-Élysées, cet hôtel particulier de style Directoire marque immanquablement les esprits. René Lasserre (disparu en 2006), monté à Paris pour apprendre le métier alors qu'il était adolescent, a élevé son restaurant au rang de symbole. Située à l'étage, la salle à manger arbore un luxueux décor : colonnes, jardinières d'orchidées et de plantes vertes, vaisselle et bibelots en argent, lustres en cristal, porcelaines de Chine...
Autre élément propre à la magie de l'endroit, un étonnant toit ouvrant, devenu célèbre, illumine les tables au gré des saisons. La partition culinaire est composée depuis peu par le chef Nicolas le Tirrand, dont le travail est parfaitement en phase avec ce prestigieux héritage.

À LA CARTE...

Gratin de macaronis à l'artichaut et truffe noire • Turbot poché, sauce de laitue, asperges au caviar oscièrte • Foisonné de chocolat du Pérou sous de fines feuilles à la fleur de sel

☆

Cuisine moderne · *Élégant*

LAURENT

Personne ne sait vraiment pourquoi le nom de Monsieur Laurent, qui devint propriétaire de ce restaurant en 1860, a perduré jusqu'à consacrer définitivement l'ancien Café du Cirque édifié par Hittorff. Cela fait partie du mythe de cette vieille maison, située au cœur des jardins du rond-point des Champs-Élysées. Ancien pavillon de chasse de Louis XIV ou guinguette sous la Révolution, Laurent conserve son cadre néoclassique et bourgeois, très en vogue à l'époque de sa création. Pilastres et colonnes, associés à de confortables banquettes, font l'élégance et le charme désuet des salles à manger et des salons particuliers. La cuisine d'Alain Pégouret s'inscrit à merveille dans cet écrin : classique et volontiers créative, elle valorise les codes de la tradition bleu-blanc-rouge (technique, attention aux cuissons et aux assaisonnements etc.). On comprend que le Tout-Paris politique et des affaires apprécie cette institution. Encore plus aux beaux jours, quand on peut profiter de sa terrasse ouverte sur la verdure...

Menu 95/159 € –
Carte 155/245 €

41 avenue Gabriel (8e)
TEL. 01 42 25 00 39
www.le-laurent.com
Ⓜ **Champs-Elysées Clemenceau**

Fermé 23 décembre-3 janvier,
samedi midi, dimanche

À LA CARTE...

Araignée de mer, ses sucs en gelée et crème de fenouil • Turbot nacré à l'huile d'olive, bardes et légumes verts dans une fleurette iodée • Glace vanille minute

Laurent • Olivier Decker/Michelin

Menu 89/175 € –
Carte 140/230 €

9 place de la Madeleine (8ᵉ)
TEL. 01 42 65 22 90
www.lucascarton.com
Ⓜ Madeleine

**Fermé 27 juillet-21 août, lundi,
dimanche**

❀

Cuisine moderne · Historique

LUCAS CARTON

D'entrée, le nom interpelle... Il évoque une longue histoire : Robert Lucas et sa «Taverne Anglaise» en 1732 ; Francis Carton en 1925 qui accole les deux patronymes et crée cette identité très sonore, «Lucas Carton», où il fera briller trois étoiles dans les années 1930 ; Alain Senderens, enfin, qui porte de nouveau l'adresse au firmament au milieu des années 1980, avant de choisir, en 2005, de lui donner son propre nom pour la repenser librement.

Une nouvelle page s'ouvre fin 2013 : l'enseigne Lucas Carton renaît ! L'adresse endosse avec tact les nouveaux codes de la gastronomie contemporaine. Le jeune chef, Julien Dumas, sait rendre le meilleur de beaux produits – mention spéciale pour les légumes de petits producteurs et le travail sur l'acidité et l'amertume – et ses assiettes, bien équilibrées, sont portées par un irrésistible souffle méditerranéen... L'histoire continue pour cette vénérable institution.

À LA CARTE...

Chou-fleur croustillant • Sarrasin et merlan croustillant • Chocolat et avocat

❀

Cuisine moderne • Élégant

L'ORANGERIE

Dans cet espace de poche (18 couverts seulement), aménagé au sein de l'hôtel George V, la carte est supervisée par Christian Le Squer et mise en œuvre par Alan Taudon, un habitué de la maison – il participait précédemment à l'élaboration des plats du Cinq. La carte, volontairement courte, fait la part belle à une cuisine française de saison, et se veut voyageuse ; de jolies notes parfumées viennent créer dans les plats quelques harmonies inattendues. Des assiettes savoureuses, donc, complétées à merveille par des desserts en tout point excellents, et par une carte des vins déclinée de celle, impressionnante, du Cinq.

Menu 75 € (déjeuner), 95/125 € – Carte 100/150 €

31 avenue George-V (8ᵉ)
TEL. 01 49 52 72 24
www.lorangerieparis.com
Ⓜ **George V**

❀ 🍴 A/C

À LA CARTE...
Langoustine et bouillon de riz au yuzu • Daurade sur le grill, tapioca de concombre et jus pimenté • Fleur de vacherin

Cuisine italienne • Classique

PENATI AL BARETTO

Alberico Penati aura d'emblée imposé sa table italienne parmi les meilleures de la capitale ! Il s'est installé début 2014 au sein de l'Hôtel de Vigny, à deux pas de l'Arc de Triomphe, dans cette rue Balzac déjà bien connue des gastronomes (Pierre Gagnaire y a sa table). Un heureux augure ? Le fait est que sa cuisine honore la plus belle tradition transalpine – et donc la gastronomie mondiale, qui lui doit tant ! –, avec cette alliance de raffinement et de générosité qui est sa marque la plus frappante. On ne trouve rien de trop sophistiqué dans ses recettes, où règne même une forme de simplicité ; toutes rendent surtout hommage aux terroirs de la Botte, dont elles explorent le large éventail de spécialités. On sent la touche d'un homme qui sait travailler et porte avec aisance son héritage culinaire, toujours enraciné dans ces régions si riches de produits emblématiques. Les assiettes ne mentent pas : elles débordent de saveurs... Quant au décor, il distille une ambiance feutrée et élégante, dans un beau camaïeu de bois et de tons beige et chocolat. *Eleganza e semplicità*, encore et toujours !

À LA CARTE...

Purée de potiron de Mantoue aux fruits de mer, sauce salmoriglio • Thon rouge de Méditerranée aux tomates sautées, sauce au câpres • Cassata sicilienne

Menu 55 € (déjeuner) –
Carte 75/115 €

9 rue Balzac (8ᵉ)
TEL. 01 42 99 80 00
www.penatialbaretto.eu
Ⓜ George V

Fermé samedi midi, dimanche

Cuisine classique · Luxe

LE TAILLEVENT

L'établissement, summum de classicisme à la française, est désormais propriété de la famille Gardinier (Les Crayères à Reims). L'ancien hôtel particulier du duc de Morny (19ᵉ s.), classique, feutré et propice aux repas d'affaires, est parsemé d'œuvres d'art contemporain. Nouveauté : l'institution rajeunit, avec deux nouvelles arrivées, en salle et en cuisine.

Installez-vous sous les moulures et boiseries blondes. Dans l'assiette, poireaux en croûte de sel truffé, mimosa de cèpes, essence sauvage poivrée ; langoustine à la nage, tartare d'algues, crémeux iodé, consommé ; rouget barbet confit, concentré torréfié, butternut, foie gras... Enfin, cerise sur le gâteau : les caves, pléthoriques en vins rares, qui comptent, avec celle de la Tour d'Argent, parmi les plus belles de la capitale, et de jolies bouteilles à des prix séduisants.

À LA CARTE...

Langoustine à la nage, tartare d'algues, crémeux noisette et consommé • Poulette du Perche et homard bleu en croûte de son, émulsion au tokaji • Figue rôtie à la feuille de châtaignier, gourmandise vanille et céréales torréfiées

Menu 90 € (déjeuner), 198 € –
Carte 130/220 €

15 rue Lamennais (8ᵉ)
TEL. 01 44 95 15 01
www.letaillevent.com
Ⓜ **Charles de Gaulle-Etoile**

Fermé 27 juillet-27 août, samedi,
dimanche

Cuisine japonaise · Simple

KISIN

Devinette : que fait un chef de Tokyo quand il arrive à Paris ? Il ouvre un restaurant, sitôt ses valises posées. Devinette (suite) : que font nos papilles quand elles croisent la route de cet établissement ? Elles frémissent d'aise. Car ici, on déguste produits japonais, et vrais udon, fabriqués devant le client. La petite salle très simple, épurée, décorée dans l'esprit des échoppes nippones, permet de se consacrer au goût, rien qu'au goût – ainsi l'agréable edamame servi tiède ou le superbe udon porc braisé. Une cuisine naturelle, sans additif, saine et goûteuse, au très bon rapport qualité-prix.

À LA CARTE...
Baigai : bulots sauce soja • Udon tempura • Mochi matcha

Menu 30/45 € – Carte 28/36 €

9 rue de Ponthieu (8ᵉ)
TEL. 01 71 26 77 28
www.udon-kisin.fr
Ⓜ Franklin D. Roosevelt

Fermé 1ᵉʳ-15 août, dimanche

ⒶⒸ

Cuisine coréenne · Simple

MANDOOBAR

Les bonnes tables coréennes n'étant pas forcément légion à Paris, on est heureux de dénicher celle-ci dans une petite rue au-dessus de la gare Saint-Lazare. Dans une petite salle, le chef, Kim Kwang-Loc, aussi agile que précis, réalise directement sous vos yeux les *mandu* (des ravioles coréennes) et les tartares de thon et de bœuf qui constituent l'essentiel de la courte carte ; des préparations fines, goûteuses, qui regorgent de parfums et que les herbes et autres condiments asiatiques relèvent de la plus élégante manière. Tout cela pour une addition très mesurée... On se pince !

À LA CARTE...
Yatchee mandoo : ravioles de chou asiatique, tofu, ciboule et pousse d'ail • Tartare de bœuf, sauce soja, sésame et poivre du Cambodge • Glace coco-charbon

Carte 21/35 €

7 rue d'Edimbourg (8ᵉ)
TEL. 01 55 06 08 53
www.mandoobar.fr
Ⓜ Europe

Fermé 1ᵉʳ-31 août, lundi, dimanche

Cuisine du marché • Bistro

LE MERMOZ

Un véritable OVNI dans le quartier ! Manon Fleury, ex-escrimeuse passée par une prépa littéraire, a appris l'art de la cuisine auprès de chefs recommandables (Pascal Barbot, Alexandre Couillon). À la lecture de la carte du midi, on devine déjà que ça va sourire : tartare de veau, abricot moelleux et origan ; poularde au zaatar, shiitake et asperge verte ; rhubarbe confite, sirop d'hibiscus et streusel... Des bouquets de gourmandise bien de saison, renouvelés régulièrement, à prix raisonnables. Le soir, changement de ton : on bascule dans une ambiance de bar à vins, avec petites assiettes façon tapas. À toute heure, on se régale.

À LA CARTE...
Cuisine du marché

Carte 32/41 €

16 rue Jean-Mermoz (8e)
TEL. 01 45 63 65 26
Ⓜ **Champs-Elysées**

Fermé 29 juillet-19 août, samedi, dimanche

Cuisine moderne • Épuré

POMZE

Adresse originale que cette Pomze, qui invite à un « voyage autour de la pomme » ! La maison comporte deux espaces distincts : une épicerie au rez-de-chaussée (vente de cidre, calvados, etc.) et un restaurant au 1er étage. Derrière les fourneaux, c'est une équipe franco-américaine qui œuvre, proposant une cuisine créative, voyageuse et soignée... On se sent à l'aise dans cet intérieur contemporain, lumineux et confortable.

À LA CARTE...
Foie gras de canard, chutney aux fruits de saison, brioche au poivre blanc • Filet de canette, sauce au pommeau • Tarte Tatin et crème fraîche de Normandie

Menu 37 € – Carte 49/65 €

109 boulevard Haussmann (1er étage) (8e)
TEL. 01 42 65 65 83
www.pomze.com
Ⓜ **St-Augustin**

Fermé 23 décembre-2 janvier, samedi midi, dimanche

##

Cuisine traditionnelle · Bistro

LE BOUDOIR

Meilleur Ouvrier de France en charcuterie, le chef a travaillé dans de belles maisons et exprime aujourd'hui dans ce Boudoir son amour du... boudin. Oui, la charcuterie peut être un art : voyez le splendide pâté en croûte de volaille et foie gras ! Décor sobre et élégant, service parfait.

Menu 35 € (déjeuner), 62/80 € –
Carte 48/60 €

25 rue du Colisée (8ᵉ)
TEL. 01 43 59 25 29
www.boudoirparis.fr
 Franklin D. Roosevelt

Fermé 3-19 août, samedi, dimanche

A/C

Cuisine traditionnelle · Cosy

LES 110 DE TAILLEVENT

Sous l'égide de la prestigieuse maison Taillevent, une brasserie très chic, qui joue la carte des associations mets et vins. Une réussite, aussi bien le choix remarquable de 110 vins au verre, que la cuisine, traditionnelle et bien tournée (pâté en croûte, bavette sauce au poivre, etc.). Cadre élégant et chaleureux.

Menu 44 € – Carte 50/150 €

195 rue du Faubourg-St-Honoré (8ᵉ)
TEL. 01 40 74 20 20
www.les-110-taillevent-paris.com
 Charles de Gaulle-Etoile

Fermé 3-27 août

A/C

Cuisine traditionnelle · Brasserie

LAZARE

Au cœur de la fameuse gare St-Lazare, on doit à Éric Frechon l'idée de cette élégante brasserie «ferroviaire» qui respecte les canons du genre : œufs mimosa, quenelles de brochet ou maquereaux au vin blanc, la belle tradition française est sur les rails ! Sympathique et très animé.

Carte 35/90 €

parvis de la gare St-Lazare, rue Intérieure (8ᵉ)
TEL. 01 44 90 80 80
www.lazare-paris.fr
 St-Lazare

A/C

Cuisine péruvienne · Élégant

MANKO

Le chef star péruvien Gaston Acurio et le chanteur Garou ont eu un enfant : il s'appelle Manko. Ce restaurant, bar lounge et cabaret du sous-sol du Théâtre des Champs-Elysées propose des recettes péruviennes mâtinées de touches asiatiques et africaines. Une cuisine de partage bien ficelée.

Menu 65 € – Carte 40/80 €

15 avenue Montaigne (8ᵉ)
TEL. 01 82 28 00 15
www.manko-paris.com
 Alma Marceau

 A/C

Poissons et fruits de mer •
Méditerranéen

MARIUS ET JANETTE

Un élégant décor façon yacht, des filets de pêche, etc. Ici, les produits de la mer sont évidemment à l'honneur ; la carte est renouvelée chaque jour, au gré des arrivages...

Menu 52 € (déjeuner) – Carte 91/180 €

4 avenue George-V (8ᵉ)
TEL. 01 47 23 41 88
www.mariusjanette.com
Ⓜ Alma Marceau

Cuisine moderne • Élégant

NÉVA CUISINE

La Néva n'est pas seulement un fleuve russe passant à Saint-Pétersbourg, c'est aussi ce restaurant où officie la chef Beatriz Gonzalez. Elle y signe une cuisine au goût du jour maîtrisée, à l'image de ce ris de veau crousti-fondant au big green egg. Frais et de bonne qualité.

Menu 42/60 €

2 rue de Berne (8ᵉ)
TEL. 01 45 22 18 91
www.nevacuisineparis.com
Ⓜ Europe

Fermé 5-25 août, 24 décembre-1ᵉʳ janvier, samedi, dimanche

Cuisine classique • Élégant

LE RELAIS PLAZA

Au sein du Plaza Athénée, la cantine chic et feutrée des maisons de couture voisines. Comment résister au charme de cette brasserie au beau décor 1930, inspiré du paquebot Normandie ? Une ambiance unique pour une cuisine qui joue la carte de la belle tradition. Si parisien...

Menu 64 € – Carte 80/135 €

25 avenue Montaigne (8ᵉ)
TEL. 01 53 67 64 00
www.dorchestercollection.com/paris/
hotel-plaza-athenee
Ⓜ Alma Marceau

Cuisine moderne •
Contemporain

SHIRVAN

Ce restaurant, proche du pont de l'Alma, porte la signature d'Akrame Benallal. Pas de nappage ici, mais couverts design, timbales en grès, et une cuisine, nourrie aux influences de «la route de la soie», du Maroc à l'Inde, en passant par l'Azerbaïdjan. Une gastronomie métissée riche en épices... Service efficace et quasi continu.

Menu 36 € (déjeuner), 40 € –
Carte 40/100 €

5 place de l'Alma (8ᵉ)
TEL. 01 47 23 09 48
www.shirvancafemetisse.fr
Ⓜ Alma Marceau

9ᵉ

OPÉRA • GRANDS
BOULEVARDS

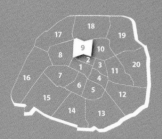

Menu 38 € (déjeuner), 78 €

17 rue Rodier (9ᵉ)
TEL. 01 53 20 94 90
www.lacondesa-paris.com
Ⓜ Notre-Dame de Lorette

Fermé 4 août-5 septembre,
23 décembre-3 janvier, lundi,
mardi midi, mercredi midi, jeudi
midi, vendredi midi, samedi midi,
dimanche

Cuisine créative • Cosy

LA CONDESA

La Condesa est un quartier de Mexico : c'est aussi le restaurant d'Indra Carillo, venu du Mexique pour intégrer l'institut Paul Bocuse, avant de rejoindre de grandes maisons comme le Bristol ou l'Astrance. Formé chez des MOF, notamment en poissonnerie et boulangerie, et après une expérience au Japon, il reprend l'Atelier Rodier, qu'il transforme complètement, côté salle et cuisine. Ses techniques sont françaises, mais ses inspirations font la part belle aux différentes cultures gastronomiques (pas nécessairement mexicaines). Exemple parfait, cet agnoletti de butternut infusé dans un bouillon de volaille et huile de piment mexicain, lard de colonnata. Une excellente adresse, mise en valeur par un service professionnel. Un coup de cœur.

À LA CARTE...
Cuisine du marché

Cuisine moderne • Intime

LOUIS

Situé non loin des grands magasins mais dans une rue tranquille, cet ancien kebab s'est mué en petit restaurant intimiste avec cuisine ouverte et caveau de dégustation au sous-sol. Aux fourneaux, un chef breton, passé chez Senderens, rend hommage à son père, grand-père et arrière-grand-père, tous prénommés «Louis». Il cisèle des menus originaux, en petites portions : ravioles de veau et consommé de coriandre, merlan rôti et jeunes carottes aïoli, volaille de Challans et girolles (attention, les bons appétits opteront pour le menu 6 ou 8 plats). C'est inventif, spontané, et la cuisine est attentive au marché et aux saisons. Une pause gourmande au calme... très agréable !

À LA CARTE...
Cuisine du marché

Menu 38 € (déjeuner), 65/84 €

23 rue de la Victoire (9ᵉ)
TEL. 01 55 07 86 52
www.louis.paris
Ⓜ **Le Peletier**

Fermé 29 juillet-19 août,
23-30 décembre, samedi, dimanche

♿

Menu 55 € (déjeuner),
90/120 € – Carte 90/100 €

6 rue Papillon (9e)
TEL. 01 48 24 04 13
www.neso.paris
Ⓜ **Poissonnière**

Fermé lundi midi, samedi,
dimanche

♿ A/C

❀

Cuisine créative • Contemporain

NESO

Nomos, c'est fini : bienvenue à NESO ! L'attachant – et très tatoué – Guillaume Sanchez (Top Chef 2017, Qui sera le prochain grand Pâtissier ?) s'est installé dans le 9e arrondissement. Dans ce lieu sobre et élégant, il propose une cuisine tout feu tout flamme, avec de l'imagination et de la technique à revendre – extractions de vapeur à froid, fermentation des légumes... Les assiettes sont proposées dans un menu unique en 7 ou 9 plats, et le moins que l'on puisse dire, c'est que ça déménage. Variations de saveurs et de textures, associations percutantes (lors de notre passage, langoustine et topinambour fermenté, ou encore farce de homard et éclats de noisettes), jusqu'à quelques tentatives qui laissent plus perplexe mais témoignent d'une identité forte et assumée. Au final, un repas comme une expérience, qui ne laissera personne indifférent...

À LA CARTE...
Cuisine du marché

ABRI SOBA

Cuisine japonaise • Bistro

Vous connaissez sans aucun doute les *soba*, ces pâtes japonaises au sarrasin qui rencontrent un immense succès partout dans le monde... Ce restaurant (la deuxième adresse des associés à l'origine d'Abri) en a fait sa spécialité et les propose, pour ainsi dire, à toutes les sauces : à midi et le soir, froides ou chaudes, avec bouillon et émincé de canard par exemple. Le soir, la partition prend la tangente, à la manière d'un *izakaya* : place à des petites portions bien troussées – sashimis, tempuras, plats de poissons – de très bonne tenue, qui réjouiront les connaisseurs, et tous les autres.

À LA CARTE...

Pâtes soba froides, sauce soja, tofu émincé et frit • Pâtes soba chaudes, beignets de crevettes et légumes

Menu 38 € – Carte 25/40 €

10 rue Saulnier (9ᵉ)
TEL. 01 45 23 51 68
Ⓜ Cadet

Fermé 12 août-1ᵉʳ septembre, lundi, dimanche midi

LE CAILLEBOTTE

Cuisine moderne • Convivial

Le Caillebotte, c'est, en quelque sorte, l'archétype du bistrot contemporain : déco épurée, lampes en suspension, mur en miroir et mobilier de bois clair, avec une baie vitrée donnant sur les cuisines. Franck Baranger, le chef, y compose ces assiettes fraîches et résolument modernes dont il a le secret : langoustines servies crues sur des lasagnes de concombre, thon blanc de Saint-Gilles et coulis de petits pois mentholés... Une cuisine gourmande et colorée, pleine de saveurs, qui colle parfaitement à l'ambiance conviviale et bon enfant des lieux. Voilà une adresse qui fait du bien !

À LA CARTE...

Tête de veau snackée, crème de pommes de terre, sauce grenobloise • Ris d'agneau rôtis, mini légumes et crème d'ail • Mirabelles poêlées, crumble amande et glace verveine

Menu 36/49 € – Carte 41/50 €

8 rue Hippolyte-Lebas (9ᵉ)
TEL. 01 53 20 88 70
Ⓜ Notre-Dame de Lorette

Fermé 12-31 août, 26 décembre-2 janvier, samedi, dimanche

Cuisine moderne • Bistro

LES CANAILLES PIGALLE

Parfaite pour s'encanailler, cette sympathique adresse a été créée par deux Bretons formés à bonne école, notamment chez Dominique Bouchet et au Crillon. Ici, ils jouent la carte de la bistronomie, des recettes de saison et bien sûr des plats canailles. Ne passez pas à côté des spécialités de la maison : le carpaccio de langue de bœuf sauce ravigote et le baba au rhum avec sa chantilly à la vanille... On se régale d'autant plus que les portions sont généreuses ! Avec en prime une belle ambiance de bistrot de quartier, à deux pas de la butte Montmartre et du Moulin Rouge... où l'on pourra finir de s'encanailler.

À LA CARTE...
Carpaccio de langue de bœuf, sauce gribiche • Cœur de rumsteak épais, pommes dauphine • Soufflé au Grand Marnier

Menu 36 € – Carte 54/63 €

25 rue La Bruyère (9ᵉ)
TEL. 01 48 74 10 48
www.restaurantlescanailles.fr
Ⓜ **St-Georges**

Fermé 1ᵉʳ-30 août, samedi, dimanche

Cuisine italienne • Convivial

I GOLOSI

Épicerie italienne (pastas, huiles, biscuits, etc.), comptoir de dégustation au rez-de-chaussée et salle de restaurant à l'étage : on a l'embarras du choix dans cette trattoria du joli passage Verdeau, dont le truculent patron vous accueille à bras ouverts. Un conseil : n'hésitez pas à demander la belle carte de vins transalpins – plus de 500 références –, afin d'accompagner antipasti, soupes de saison et alléchants plats de pâtes... Sans oublier le café du patron, digne des meilleurs. Une botte secrète, en quelque sorte... Dernier détail, I Golosi signifie «les gourmands» en italien : tout est dit !

À LA CARTE...
Insalata pantesca : tomates, pommes de terre, câpres, olives et basilic • Fegato alla veneziana con puree di patate : foie de veau à la vénitienne • Tiramisu

Carte 25/45 €

6 rue Grange-Batelière (9ᵉ)
TEL. 01 48 24 18 63
Ⓜ **Richelieu Drouot**

Fermé samedi soir, dimanche

Cuisine moderne • Bistro

LE PANTRUCHE

Les titis de Pigalle se pressent dans ce bistrot vintage, et pour cause. Miroirs piqués, banquette rétro et zinc enjôleur : bien qu'actuel, le cadre fait de l'œil au Paris des années 1940. Sur l'ardoise, on reconnaît le style de Franck Baranger, un chef au beau parcours. Selon la saison, il imagine de séduisants maquereaux à la flamme, céleri et groseilles, condiment moutarde ; une pintade fermière, crème de maïs, romaine braisée au jus, ou encore l'inénarrable soufflé au Grand Marnier et caramel au beurre salé. C'est efficace sans être simpliste, c'est généreux, et l'on repart le sourire aux lèvres : « Ah, Paname ! »

À LA CARTE...
Ravioles de langoustines, noire de Crimée et eau de tomate verte • Volaille jaune, céleri fondant et girolles • Soufflé au Grand Marnier, caramel au beurre salé

Menu 36 € – Carte 39/50 €

3 rue Victor-Massé (9e)
TEL. 01 48 78 55 60
Ⓜ Pigalle

Fermé 12-31 août, samedi, dimanche

Cuisine moderne • Branché

RICHER

Saluons d'emblée les intuitions de Charles Compagnon, le patron du Richer, qui lui a donné son âme si particulière : les murs de pierre et de brique donnent à l'ensemble un air de cantine arty et conviviale, avec ce magnifique percolateur qui trône sur le comptoir. Dans l'assiette, on retrouve une super cuisine du marché, goûteuse et inspirée. Attention cependant, il n'y a toujours pas de téléphone : le seul moyen de réserver est donc de se présenter sur place, très tôt ou très tard dans la soirée. Dîner au Richer est une riche idée... mais se mérite.

À LA CARTE...
Velouté de petit pois, stracciatella de burrata, pickles de cerise et radis noir • Filet de canette, courges farcies aux foies de volaille, abricot et zaatar • Figues rôties, glace thym-citron et pain d'épice

Carte 35/51 €

2 rue Richer (9e)
www.lericher.com
Ⓜ Poissonnière

Fermé 27 juillet-18 août, 23 décembre-1er janvier

&

Olivier Decker/Michelin • Richer

Cuisine moderne • Bistro

LES AFFRANCHIS

« Affranchi » des maisons où il était salarié, le chef se joue avec bonheur des classiques pour élaborer une cuisine goûteuse, à l'image de cet œuf parfait, façon carbonara ou du lieu jaune en arlequin de chou-fleur, orange et poutargue. Une adresse qui va comme un gant à ce 9e arrondissement, aussi bourgeois que bohème.

Menu 35 € (déjeuner), 45 €

5 rue Henri-Monnier (9e)
TEL. 01 45 26 26 30
www.lesaffranchisrestaurant.com
Ⓜ St-Georges

Fermé lundi

Cuisine moderne • Épuré

L'INNOCENCE

L'ancien Maloka est devenu L'Innocence, sous l'impulsion d'un duo d'associés au beau parcours. Dans sa cuisine ouverte sur la salle, Anne Legrand (L'Atelier Rodier, Le Clarence, Itinergne) célèbre le marché et les saisons avec une pointe de créativité, dans un menu unique en six plats le soir. Le succès ne s'est pas fait attendre : on affiche souvent complet.

Menu 30 € (déjeuner), 49/69 €

28 rue de la Tour-d'Auvergne (9e)
TEL. 01 45 23 99 13
www.linnocence.fr
Ⓜ Cadet

Fermé lundi, mardi midi, mercredi midi, jeudi midi, dimanche

A/C

Cuisine créative • Épuré

ORTIES

Le long du menu surprise en six temps, les bonnes surprises s'enchaînent : goût des produits, bien sûr, mais aussi créativité et maîtrise technique du chef – deux qualités qui ne vont pas toujours de pair... Voilà sans doute ce qui explique que dans cette rue Rodier où les tables ne manquent pas, ce restaurant affiche régulièrement complet !

Menu 34 € (déjeuner), 50/62 €

24 rue Rodier (9e)
TEL. 01 45 26 86 26
www.orties-restaurant.paris
Ⓜ Cadet

Fermé 1er-31 août, lundi, mardi midi, dimanche

Cuisine danoise • Bistro

LA PETITE SIRÈNE DE COPENHAGUE

Au-dessus de la devanture flotte un drapeau danois... qui annonce tout de suite la couleur gourmande de cet antre ! Menu du jour sur ardoise et carte plus étoffée (mais plus chère)... pour se régaler d'une cuisine qui s'amuse des contrastes sucré-salé, comme ces harengs à la danoise.

Menu 38 € (déjeuner), 44 € – Carte 50/82 €

47 rue Notre-Dame de Lorette (9e)
TEL. 01 45 26 66 66
Ⓜ St-Georges

Fermé 23 février-11 mars, 4-31 août, 21 décembre-5 janvier, lundi, samedi midi, dimanche

¶○
Cuisine moderne • Tendance

LA RÉGALADE CONSERVATOIRE

Après sa Régalade du 1er arrondissement, Bruno Doucet réplique à deux pas des Grands Boulevards, au sein du luxueux hôtel de Nell. L'esprit bistrot se fait chic, et la cuisine du chef toujours aussi enlevée, généreuse et savoureuse. Vivement le nouvel opus !

Menu 39 €

7-9 rue du Conservatoire (9ᵉ)
TEL. 01 44 83 83 60
www.charmandmore.com
Ⓜ **Bonne Nouvelle**

♿ A/C 🔲 🚿

LeslieLauren/iStock

10ᵉ

GARE DE L'EST •
GARE DU NORD •
CANAL ST-MARTIN

Menu 26 € (déjeuner), 52 €

92 rue du Faubourg-Poissonnière (10ᵉ)
TEL. 01 83 97 00 00
Ⓜ Poissonnière

Fermé 1ᵉʳ-31 août, lundi, samedi midi, dimanche

ⒺⒾ

Cuisine moderne • Simple

ABRI

On ne remerciera jamais assez les jeunes Japonais qui viennent s'installer à Paris, apportant dans leurs bagages de belles et bonnes idées et une technique incomparable… Passé notamment par La Table de Joël Robuchon et Taillevent, Katsuaki Okiyama s'est entouré d'une équipe 100 % nippone… mais sa cuisine est grandement française, tout en portant la marque de cette sensibilité propre à l'Asie, qui va si bien aux classiques de l'Hexagone. Si le confort est, disons, modeste (une petite salle de vingt couverts environ), on apprécie la capacité du chef à surprendre avec des plats où l'improvisation joue un grand rôle, au gré de son inspiration et des produits dont il dispose – avec, comme souvent, une partition plus ambitieuse le soir qu'à midi. N'oublions pas, enfin, l'excellent rapport qualité-prix…

À LA CARTE…
Cuisine du marché

Cuisine moderne • Design

52 FAUBOURG ST-DENIS

Charles Compagnon (à qui l'on doit aussi le Richer) a parfaitement pris le pouls de ce quartier animé du 10ᵉ populaire. Il dégaine ici un intérieur stylé, résolument chaleureux, comme le sont les endroits qui ne se la jouent pas. Quant à la carte, elle se révèle courte et efficace, avec des produits cuisinés avec justesse et des sauces aux petits oignons. Poulpe, petit pois, oignons nouveaux, croûtons, harissa-yaourt ; cochon braisé, cannelloni blettes, épinards, ricotta, citron confit... On se régale jusqu'au café, sélectionné et torréfié par le patron. Attention : pas de réservation, ni de téléphone.

À LA CARTE...

Sashimi de thon, crème artichaut-basilic, framboises et artichaut poivrade • Cabillaud, crème de chou-fleur, maïs poêlé et huile coriandre • Crémeux matcha, nage de cerises, meringue et glace jasmin

Carte 33/43 €

52 rue du Faubourg-St-Denis (10ᵉ)
www.faubourgstdenis.com
Ⓜ **Strasbourg-St-Denis**

Fermé 27 juillet-18 août, 23 décembre-1ᵉʳ janvier

Cuisine moderne • Tendance

MAMAGOTO

Mamagoto, c'est dînette en japonais. Patience, vous allez comprendre. Installez-vous dans ce restaurant à la décoration épurée, qui louche vers l'esprit fifties, avec son joli comptoir carrelé de noir. Ici, Koji Tsuchiya, chef japonais aguerri, propose une savoureuse sélection d'assiettes à partager (la dînette !) et de plats individuels mêlant influences japonaises et... basques (l'origine de l'un des associés). Veau, anchois, champignons de Paris ; bœuf de Galice, pimiento, cébette : beaux produits, alliance de saveurs, pour une cuisine percutante et innovante, à accompagner d'une sélection de vins de petits vignerons.

À LA CARTE...

Poulpe, courgette, poutargue et lait de coco • Merlan de ligne frit, haricot vert et piment doux • Figues de Solliès, biscuit spéculos, crème citron vert

Menu 25 € (déjeuner) – Carte 35/55 €

5 rue des Petits-Hotels (10ᵉ)
TEL. 01 44 79 03 98
www.mamagoto.fr
Ⓜ **Gare du Nord**

Fermé samedi midi, dimanche

Cuisine moderne • Convivial

LES RÉSISTANTS

Les Résistants ? Ceux qui luttent encore (fournisseurs, producteurs, cuisiniers etc.) contre les sirènes de l'agroalimentaire, et qui placent toujours, au centre de leurs préoccupations, goût et traçabilité. Tel le credo des trois associés de la maison : oui, il est possible de bien se nourrir, tout en respectant le bien-être animal et les cycles naturels. Ils le prouvent avec talent dans cette sympathique adresse où l'on déguste une cuisine du marché, qui change tous les jours. Carte des vins exclusivement nature, cela va de soi… Brunch le samedi.

À LA CARTE…

Tartare de bœuf Galloway, betterave, huile de noix et coriandre • Lieu jaune de ligne, blettes, petit pois et cébettes • Vacherin fraise, sorbet sureau et miel du Gâtinais

Menu 19 € (déjeuner) – Carte 33/40 €

16 rue du Château-d'Eau (10ᵉ)
TEL. 01 42 06 43 74
www.lesresistants.fr
Ⓜ **République**

Fermé 12-25 août, lundi, dimanche

♿ Ⓐ/C

Cuisine moderne • Tendance

EELS

Chez Eels, les assiettes flirtent avec la bistronomie, et certaines d'entre elles (comme l'indique le nom du restaurant) valorisent l'anguille. Le jeune chef Adrien Ferrand a déjà du métier (6 ans chez William Ledeuil, d'abord à Ze Kitchen Galerie, puis au KGB). Avec Eels, il est désormais chez lui. Une réussite !

Menu 29 € (déjeuner), 58 € –
Carte 50/58 €

27 rue d'Hauteville (10ᵉ)
TEL. 01 42 28 80 20
www.restaurant-eels.com
Ⓜ **Bonne Nouvelle**

Fermé 3-28 août, 22 décembre-1ᵉʳ janvier, lundi, dimanche

Cuisine moderne • Bistro

FRAÎCHE

La pétillante Tiffany Depardieu, vue dans l'émission Top Chef, compose une jolie cuisine du marché qui change toutes les semaines, à l'instar de ce bœuf carotte revisité, véritable plat signature. Son associé confectionne de savoureuses pâtisseries : ce jour-là, une irrésistible espuma chocolat jivara, praliné noisette et sorbet yaourt…

Menu 20 € (déjeuner), 45/60 € –
Carte 35/50 €

8 rue Vicq-d'Azir (10ᵉ)
TEL. 01 40 37 54 23
www.fraicheparis.fr
Ⓜ **Colonel Fabien**

Fermé 5-19 août, lundi, dimanche

Cuisine moderne • Bistro

LE GALOPIN

Dans son bistrot de la place Sainte-Marthe, Romain Tischenko cuisine comme à des amis, avec l'envie de partager ses envies du moment : jeux sur les saveurs, les herbes, les températures... Vous pourrez également tester son annexe, la « Cave à Michel » : simple comptoir, petites assiettes et jolie cave.

Menu 32 € (déjeuner), 58 € –
Carte 45/55 €

34 rue Sainte-Marthe (10ᵉ)
TEL. 01 42 06 05 03
www.le-galopin.com
Ⓜ **Belleville**

Fermé lundi, mardi midi, mercredi midi,
jeudi midi, dimanche

Cuisine moderne • Design

PORTE 12

Vincent Crépel, jeune chef français originaire du Pays basque, élabore ici une cuisine d'auteur percutante, résolument contemporaine, inspirée par ses voyages et ses différentes expériences professionnelles (notamment en Asie). Verdict : ses associations audacieuses font mouche à tous les coups.

Menu 68/120 €

12 rue des Messagerie (10ᵉ)
TEL. 01 42 46 22 64
www.porte12.com
Ⓜ **Poissonnière**

Fermé lundi, mardi midi, mercredi midi, jeudi
midi, vendredi midi, samedi midi, dimanche

littleclie/iStock

P. Ducept/hemis.fr

11e

NATION • VOLTAIRE • RÉPUBLIQUE

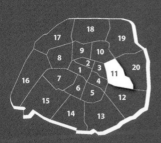

Menu 25 € (déjeuner), 55 € –
Carte 54/65 €

11 rue Richard-Lenoir (11e)
TEL. 01 40 09 03 70
www.automne-akishige.com
Ⓜ Charonne

**Fermé lundi, samedi midi,
dimanche midi**

Cuisine moderne • Bistro

AUTOMNE Ⓝ

Le chef japonais Nobuyuki Akishige, qui peut s'enor-
gueillir d'un parcours impeccable (l'Atelier du peintre
à Colmar, la Vague d'Or à St-Tropez, avec Arnaud
Donckele, le K2 à Courchevel, la Pyramide à Vienne)
signe, en lieu et place de l'ancienne Pulperia, une cuisine de saison, subtile et maîtrisée, autour de produits
de très belle qualité. En guise d'écrin, le cadre simple
d'un bistrot pour une partition lisible, aux saveurs
harmonieuses, ainsi la truite de Banka, au chou pontoise et jus de moule aux agrumes. Le rapport prix/
gourmandise est imbattable ! Une adresse comme on
aimerait en découvrir plus souvent.

À LA CARTE...

Tartelette de foie gras au pain d'épice, raisin noir à la moutarde violette • Selle d'agneau, salsifis grillés, noisettes et jus
de viande • Blanc-manger à l'estragon, coulis de citron et sorbet à l'huile d'olive

❀
Cuisine moderne • Bistro

LE CHATEAUBRIAND

Inaki Aizpitarte, célèbre chef basque, attire la clientèle gastronome du Tout-Paris avec son bistrot «pur jus», véritable temple de la mouvance bistronomique, dont il fut l'un des initiateurs. D'hier, le lieu a conservé le décor – tel qu'on pouvait encore en trouver dans les années 1930 – jouant sur le mélange néo-rétro (zinc, ardoises, haut plafond et tables étroites). D'aujourd'hui, il possède le répertoire culinaire et un service stylé avec des serveurs tout droit sortis d'un défilé de mode, aux allures décontractées. Chaque soir, l'unique menu dégustation offre une cuisine créative, osée et goûteuse, aux associations de saveurs originales, précise dans les assaisonnements, comme dans les cuissons. Produits et vins sont choisis avec soin chez des producteurs indépendants. Pensez à réserver !

À LA CARTE...
Cuisine du marché

Menu 75/140 €

129 avenue Parmentier (11ᵉ)
TEL. 01 43 57 45 95
www.lechateaubriand.net
Ⓜ **Goncourt**

Fermé lundi, mardi midi, mercredi midi, jeudi midi, vendredi midi, samedi midi, dimanche

🍇

Menu 45 € (déjeuner), 130 €

50 rue Amelot (11ᵉ)
TEL. 01 48 07 45 48
www.quiplumelalune.fr
Ⓜ **Chemin Vert**

Fermé 1ᵉʳ-7 janvier,
28 juillet-20 août, lundi, dimanche

✿
Cuisine moderne • Cosy

QUI PLUME LA LUNE

Qui plume la Lune, c'est d'abord un joli endroit, chaleureux et romantique... Sur l'un des murs de la salle trône une citation de William Faulkner : «Nous sommes entrés en courant dans le clair de lune et sommes allés vers la cuisine.» Pierres apparentes et matériaux naturels (bois brut, branchages, etc.) complètent ce tableau non dénué de poésie...
Qui plume la Lune, c'est aussi un havre de délices, porté par une équipe déterminée à ne sélectionner que de superbes produits – selon une éthique écologique, ainsi de beaux légumes bio – et à régaler ses clients d'assiettes tout en maîtrise et en précision : une véritable démonstration de vitalité, de fraîcheur et de senteurs. Très agréable moment, donc, sous la clarté de cette table aussi lunaire que terrestre...

À LA CARTE...

Huître grillée à la plancha, bouillon de bœuf maturé et caviar • Foie gras laqué au vin rouge et au jus de betterave • Mousse de lait à la vanille, tuile de lait au thé matcha et caramel à la verveine

Cuisine moderne • Contemporain

SEPTIME

Des bonnes idées en pagaille, beaucoup de fraîcheur et d'aisance, de la passion et même un peu de malice, mais toujours de la précision et de la justesse : mené par le jeune Bertrand Grébaut (passé notamment par les cases Robuchon, Passard et Agapé), Septime symbolise le meilleur de cette nouvelle génération de tables parisiennes à la fois très branchées et… très épicuriennes !

Au milieu de la rue de Charonne, dans ce 11e arrondissement aujourd'hui très en vue, le lieu exploite à fond les codes de la modernité : grande verrière d'atelier, tables en bois brut, poutres en métal… Une vraie inspiration industrielle, plutôt chic dans son aboutissement, d'autant que le service, jeune et prévenant, contribue à faire passer un bon moment. Comme on peut l'imaginer, tout cela se mérite : il faudra réserver précisément trois semaines à l'avance pour avoir une chance d'en profiter.

À LA CARTE…
Cuisine du marché

Menu 42 € (déjeuner), 80 €

80 rue de Charonne (11e)
TEL. 01 43 67 38 29
www.septime-charonne.fr
Ⓜ Charonne

Fermé 4-26 août, lundi midi, samedi, dimanche

Cuisine du terroir • Auberge

AUBERGE PYRÉNÉES CÉVENNES

À peine installé, le chef Négrevergne est déjà au diapason de cette maison historique. Dans la lignée de ses prédécesseurs, il dessine dans l'assiette le relief gastronomique d'une France des grand-mères, autour des Pyrénées et des Cévennes. Des recettes généreuses et authentiques, des plats bien de chez nous (terrine maison, blanquette de veau à l'ancienne et riz grillé, millefeuille) dont le plus fidèle compagnon – aujourd'hui, un saint-joseph rond et fruité – ne saurait être oublié. Tout le charme d'une auberge régionale, à prix sages et sans chichi.

À LA CARTE...
Paté en croûte • Ris de veau et rognons • Soufflé caramel

Menu 36 € – Carte 39/73 €

106 rue de la Folie-Méricourt (11ᵉ)
TEL. 01 43 57 33 78
www.auberge-pyrénées-cevennes.fr
Ⓜ République

Fermé 2-23 août, samedi midi, dimanche

A/C

Poissons et fruits de mer • Tendance

CLAMATO

Inspiré des Oyster bars de la côte Est des États-Unis, cette annexe de Septime doit son nom à un cocktail très populaire au Québec, sorte de Bloody Mary agrémenté d'un jus de palourdes... à découvrir ici, évidemment ! L'endroit a tout du « hit » bistronomique, avec ce décor tendance et cette carte courte qui met en avant la mer et les légumes, avec de jolies influences internationales. Les produits sont choisis avec grand soin et travaillés le plus simplement du monde, puis déclinés dans des assiettes à partager. Attention, la réservation est impossible : premier arrivé, premier servi !

À LA CARTE...
Cuisine du marché

Carte 35/60 €

80 rue de Charonne (11ᵉ)
TEL. 01 43 72 74 53
Réservation impossiblewww.clamato-charonne.fr
Ⓜ Charonne

Fermé lundi, mardi, mercredi midi, jeudi midi, vendredi midi

A/C

B. Schmuck/Clamato

🍴○

Cuisine argentine • Convivial

BIONDI

Le talentueux chef a baptisé ce restaurant en souvenir de Pepe Biondi, célèbre clown argentin. L'Argentine est au menu : viandes et poissons cuits a la parrilla, empanadas et ceviche du jour... Des préparations soignées, servies par une équipe efficace. Bons vins et bonne humeur parachèvent le tableau.

Menu 16 € (déjeuner) – Carte 40/80 €

118 rue Amelot (11e)
TEL. 01 47 00 90 18
Ⓜ **Oberkampf**

Fermé dimanche

🍴○

Cuisine japonaise • Intime

BON KUSHIKATSU

Pour un voyage express à Osaka, à la découverte de la spécialité culinaire de la ville : les kushikatsu (des minibrochettes panées et frites à la minute). Bœuf au sansho, foie gras poivré, champignon shiitaké : les préparations se succèdent et révèlent de belles saveurs. Et l'accueil délicat finit de transporter au Japon...

Menu 58 €

24 rue Jean-Pierre-Timbaud (11e)
TEL. 01 43 38 82 27
www.kushikatsubon.fr
Ⓜ **Oberkampf**

Fermé 14-28 août, lundi midi, mardi midi, mercredi, jeudi midi, vendredi midi, samedi midi, dimanche

AC

😊

Cuisine traditionnelle •
Convivial

LE VILLARET

Les délicieux parfums qui vous accueillent dès la porte d'entrée ne trompent pas : voici une adresse qui éveille la gourmandise ! Son credo : bien faire, en toute simplicité. Sûre de ses classiques bistrotiers, la cuisine d'Olivier Gaslain est franche et passionnée, fondée sur des produits de qualité, et les saisons : perdreau rôti, carré d'agneau de Lozère en croûte d'herbes et embeurrée de chou vert... Quant à la carte des vins, elle se révèle superbe (plus de 800 références) et compte quelques flacons à prix doux regroupés sous le nom de «médicaments du jour», à l'unisson de l'accueil qui est... aux petits soins.

À LA CARTE...

Fromage de tête maison, rémoulade de céleri • Carré d'agneau de Lozère rôti en croûte d'herbes • Pêche pochée à la verveine, crème d'amande et sorbet framboise

Menu 28 € (déjeuner), 35/60 € –
Carte 50/70 €

13 rue Ternaux (11e)
TEL. 01 43 57 75 56
Ⓜ **Parmentier**

Fermé samedi midi, dimanche

👥 AC

🍴

Cuisine moderne • Bistro

MASSALE

Arthur et Thomas, anciens de Zébulon et Pirouette, ont ouvert ensemble ce bistrot sympathique à quelques encablures du Père Lachaize. Marlo, le chef finlandais qui les accompagne, compose une cuisine fraîche et spontanée, virevoltant d'une saison à l'autre ; ça s'accompagne d'une sélection de vins plutôt futée, particulièrement en bio et nature. C'est tout bon.

Menu 22 € (déjeuner) – Carte 39/49 €

5 rue Guillaume-Bertrand (11ᵉ)
TEL. 01 73 79 87 90
www.massale.fr
Ⓜ Rue Saint-Maur

Fermé samedi, dimanche

🍴

Cuisine italienne • Osteria

OSTERIA FERRARA

Attention, refuge de gourmets ! L'intérieur est élégant mais c'est dans l'assiette qu'a lieu la magie. Le chef sicilien travaille une carte aux recettes italiennes bien ficelées, goûteuses et centrées sur le produit, ainsi cette longe de veau français à la Milanaise, et sa poêlée d'épinards. Un bistrot qui a une âme et une jolie carte des vins, ce qui ne gâche rien.

Carte 35/55 €

7 rue du Dahomey (11ᵉ)
TEL. 01 43 71 67 69
Ⓜ Faidherbe Chaligny

Fermé 27 juillet-18 août,
22 décembre-6 janvier, samedi, dimanche

🍴

Cuisine créative • Intime

PIERRE SANG SIGNATURE Ⓝ

Pierre Sang, troisième ! Entre Oberkampf et Parmentier, le chef monte en gamme et régale une poignée de veinards (12 couverts seulement, du mercredi au dimanche) avec des plats «signature» créatifs et percutants, où l'on retrouve sa patte. N'oublions pas la belle carte des vins, ainsi que le décor feutré et élégant.

Menu 35 € (déjeuner), 69 €

8 rue Gambey (11ᵉ)
TEL. 09 67 31 96 80
www.pierresang.com
Ⓜ Parmentier

Fermé lundi, mardi

🍴

Cuisine moderne • Bistro

LE SERVAN

À l'angle de la rue St-Maur, le fief de Katia et Tatiana Levha est l'un des bistrots gourmands les plus courus de la place parisienne. L'endroit a fière allure, avec ses fresques d'époque ; Tatiana compose une cuisine fraîche et spontanée, et ne rechigne pas à tenter des associations inattendues. Avec succès !

Menu 27 € (déjeuner) – Carte 40/60 €

32 rue Saint-Maur (11ᵉ)
TEL. 01 55 28 51 82
www.leservan.com
Ⓜ Rue Saint-Maur

Fermé lundi midi, samedi, dimanche

Cuisine moderne • Bistro

LE SOT L'Y LAISSE

Bien sot qui laisserait de côté ce beau bistrot ! Aux fourneaux, Eiji Doihara, originaire d'Osaka, rend un bel hommage à cette gastronomie française qui le passionne : généreuses et gourmandes, ou légères et délicates, ses recettes font mouche à chaque fois. L'adresse remporte un succès mérité.

Menu 27 € (déjeuner) – Carte 53/60 €

70 rue Alexandre-Dumas (11ᵉ)
TEL. 01 40 09 79 20
Ⓜ Alexandre Dumas

Fermé lundi midi, samedi midi, dimanche

halbergman/iStock

Cuisine moderne • Bistro

VANTRE

Le «vantre» au moyen-âge signifiait «lieu de réjouissance». C'est aujourd'hui un lieu de réjouissance pour notre ventre. Ici, deux associés, un chef de cuisine (ancien second de Saturne) et un chef sommelier (le Bristol, Taillevent) proposent une cuisine à base de produits sélectionnés. Plus de deux milles références de vins, accueil sympathique et succès mérité.

Menu 21 € (déjeuner) – Carte 40/75 €

19 rue de la Fontaine-au-Roi (11ᵉ)
TEL. 01 48 06 16 96
www.vantre.fr
Ⓜ Goncourt

Fermé samedi, dimanche

12ᵉ

BASTILLE • BERCY • GARE DE LYON

Carte 85/125 €

3 rue de Prague (12e)
TEL. 01 43 43 12 26
www.table.paris
Ledru Rollin

Fermé 1er-26 août,
23 décembre-7 janvier,
samedi midi, dimanche

ⵣ
Cuisine moderne • Design

TABLE - BRUNO VERJUS

Choisir les plus beaux produits, les cuisiner avec humilité : tel est le credo de Bruno Verjus, étonnant personnage, entrepreneur, blogueur et critique gastronomique... devenu chef ! Dans sa cuisine ouverte face aux clients, qui n'en manquent pas une miette, il parle de chacun de ses fournisseurs avec une petite lumière dans l'œil, avec l'apparente envie de s'effacer devant l'artisan qui a produit la matière de son travail. La carte, volontairement courte, présente des compositions atypiques, au plus près des ingrédients : ormeau de plongée du Trégor snacké au beurre noisette et assaisonné de fèves de cacao et de poivre du Bénin ; saumon sauvage de l'Adour grillé à l'unilatéral, petits pois au sautoir ; fraises de jardin, huile d'olive infusée de néroli, crème glacée à l'oseille fraîche... Des recettes pleines d'énergie, où l'on devine une passion sincère et communicative !

À LA CARTE...

Foie gras d'oie mi-cuit infusé de flouve odorante, poivre du Bénin, fèves de cacao • Pintade en deux services • Mousse au chocolat porcelana, crème anglaise au piment coréen, nacre de sel, huile d'olive

Cuisine moderne • Design

VIRTUS

Bienvenue chez un couple – d'origine japonaise pour elle, argentine pour lui – dont la cuisine, tout en épure et en recherche, a le goût des choses nouvelles. Dans un bel intérieur vintage, aux tables espacées, autorisant l'intimité, ils écrivent à quatre mains une histoire palpitante. Beau travail sur les légumes (leur passage au Mirazur, à Menton, y est peut-être pour quelque chose !), harmonie gustative... Leur cuisine, précise, ravira les palais des gourmets et des curieux, flânant rue de Cotte : thon rouge de ligne, avocat, crème ciboulette ; canard de Challans et purée de petits pois. Ces plats s'accommodent avec excellence des vins - et des sakés - proposés à la carte. La formule de midi (qui change tous les jours) offre un excellent rapport qualité-prix.

À LA CARTE...
Cuisine du marché

Menu 35 € (déjeuner), 64 € – Carte 42/80 €

29 rue de Cotte (12ᵉ)
TEL. 09 80 68 08 08
www.virtus-paris.com
Ⓜ Reuilly Diderot

Fermé lundi, dimanche

A/C

Cuisine moderne • Vintage

JOUVENCE

Boiseries et étagères façon apothicaire, trancheuse à jambon, petites tables aux plateaux émaillés... Cette ancienne boutique 1900 située non loin de la rue de Cîteaux ne se repose pas sur ses lauriers décoratifs ; on y sert une cuisine actuelle, riche en produits de qualité. Ainsi cette tempura de crevettes, kimchi de concombre, jus de céleri ; le bœuf de Salers, poireaux, noisettes, pimprenelle ou la tarte aux figues. Une assiette savoureuse, que l'on accompagne du très bon pain maison, et d'un verre de vin (forcément) nature. Le jeune chef, passé chez Dutournier et L'Antre Amis n'a rien à envier à ses précédentes adresses : d'adresse, il ne manque pas !

À LA CARTE...
Coques, brocoletti et émulsion iodée • Pigeon rôti, millet et raisins • Madeleines tièdes, crème fouettée à l'orange

Menu 24 € (déjeuner) – Carte 37/49 €

172 bis rue du Faubourg-St-Antoine (12ᵉ)
TEL. 01 56 58 04 73
www.jouvence.paris
Ⓜ Faidherbe-Chaligny

Fermé 1ᵉʳ-31 août, lundi, dimanche

Cuisine traditionnelle • Rustique

À LA BICHE AU BOIS

De nombreux habitués se pressent dans ce discret restaurant, qui n'est pas sans rappeler les bons bistrots d'antan. Dans une ambiance animée, au coude-à-coude, on profite d'un condensé de tradition (terrine maison, coq au vin) et de gibier en saison : sanglier, civet de lièvre et... biche, bien entendu !

Menu 25 € (déjeuner), 34 € – Carte 31/43 €

45 avenue Ledru-Rollin (12ᵉ)
TEL. 01 43 43 34 38
Ⓜ Gare de Lyon

Fermé 27 juillet-26 août, lundi midi, samedi midi, dimanche

Cuisine moderne • Contemporain

LE COTTE RÔTI

Un restaurant à l'image de son chef, convivial et bon vivant, qui revisite avec finesse la tradition bistrotière : au gré du marché et de l'humeur du jour, il compose des plats simples et fins, qui vont droit au cœur ! Et pour accompagner le tout, rien de tel que quelques bons crus de la vallée du Rhône...

Menu 26 € (déjeuner) – Carte 40/70 €

1 rue de Cotte (12ᵉ)
TEL. 01 43 45 06 37
Ⓜ Ledru Rollin

Fermé 27 avril-5 mai, 3-25 août, 22 décembre-1ᵉʳ janvier, lundi midi, samedi, dimanche

Cuisine créative • Épuré

DERSOU

Un barman expert en cocktails et un chef nippon, Taku Sekine, passé par chez Alain Ducasse à Tokyo, proposent une expérience inédite : associer mets et cocktails, sur 5, 6 ou 7 plats. Les produits sont de première qualité (légumes d'Annie Bertin, agneau acheté sur pied, etc.) et la mixologie tient ses promesses. Belle déco industrielle et ambiance branchée.

Menu 95/135 €

21 rue Saint-Nicolas (12e)
TEL. 09 81 01 12 73
www.dersouparis.com
Ⓜ **Ledru Rollin**

Fermé 29 avril-13 mai, 5 août-2 septembre, lundi, mardi midi, mercredi midi, jeudi midi, vendredi midi, dimanche soir

[A/C]

Cuisine italienne • Contemporain

PASSERINI

Giovanni Passerini a le regard vif, un talent fou, et l'ambition qui va avec. C'est à l'italienne que l'on se régale dans ce restaurant convivial, comme avec ces tripes « cacio e ova » artichauts et truffe blanche. Ici, primauté aux produits. La « spécialité » de la maison demeure les plats à partager - ainsi ce homard en deux services. Sans oublier la formule du samedi soir, centrée autour de petites assiettes. C'est goûteux, soigné. Un vrai plaisir.

Menu 26 € (déjeuner), 48 € – Carte 50/80 €

65 rue Traversière (12e)
TEL. 01 43 42 27 56
www.passerini.paris
Ⓜ **Ledru Rollin**

Fermé 1er-9 mai, 23 décembre-2 janvier, lundi, mardi midi, dimanche

  ♿ [A/C]

Cuisine traditionnelle • Bistro

QUINCY

Une ambiance chaleureuse règne dans ce bistrot indémodable, dominé par « Bo-bosse », son patron truculent et haut en couleurs. Depuis 40 ans (à la louche !), les amateurs de bonne chère s'y régalent des généreuses et savoureuses spécialités du Berry et de l'Ardèche. Une table comme on n'en fait plus.

Carte 55/80 €

28 avenue Ledru-Rollin (12e)
TEL. 01 46 28 46 76
www.lequincy.fr
Ⓜ **Gare de Lyon**

Fermé 5 août-1er septembre, lundi, samedi, dimanche

[A/C]

DISTRIBUTION D'AIR COMPRIME

13ᵉ

PLACE D'ITALIE • GARE D'AUSTERLITZ • BIBLIOTHÈQUE NATIONALE DE FRANCE

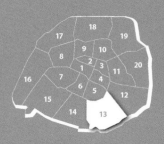

Cuisine chinoise • *Simple*

IMPÉRIAL CHOISY

D'appétissants canards laqués suspendus en vitrine donnent tout de suite le ton et l'ambiance de ce restaurant : vous êtes au cœur du Chinatown parisien. Destination : la cuisine cantonaise avec ses nombreuses spécialités, réalisées ici dans les règles de l'art. Salade de méduse, poulet au gingembre et à la ciboulette, canard laqué aux cinq parfums... Les assiettes sont généreuses, les produits frais et parfumés. Pas de fioritures inutiles dans la salle blanche qui ne désemplit pas (service non-stop, voire un peu expéditif !) et où l'on mange au coude-à-coude. Un vrai goût d'authenticité, sans se ruiner.

À LA CARTE...

Calamars farcis aux crevettes sel et poivre • Canard laqué aux cinq parfums • Haricots rouges au lait de coco

Carte 20/50 €

32 avenue de Choisy (13ᵉ)
TEL. 01 45 86 42 40
Ⓜ Porte de Choisy

ⒶⒸ

Cuisine vietnamienne • *Simple*

PHO TAI

Dans une rue isolée du quartier asiatique, ce restaurant vietnamien opère derrière une façade très discrète... mais la délicieuse odeur qui en émane devrait vous signaler sa présence ! Tout le mérite en revient à son chef et patron, Monsieur Te, arrivé en France en 1968 et fort bel ambassadeur de la cuisine du Vietnam. Raviolis, rouleaux de printemps, poulet croustillant au gingembre frais et ciboulette, marmite au jus de coco, bo bun et soupes phô : tout est parfumé et plein de saveurs... Conséquence logique : la petite salle – où Madame Te et sa fille assurent un accueil charmant – est rapidement pleine.

À LA CARTE...

Rouleau de printemps au bœuf • Poulet croustillant, gingembre, marmite au jus de coco • Crème de riz

Carte 25/35 €

13 rue Philibert-Lucot (13ᵉ)
TEL. 01 45 85 97 36
Ⓜ Maison Blanche

ⒶⒸ

🍴○
Cuisine traditionnelle •
Bourgeois

AU PETIT MARGUERY

Un décor Belle Époque authentique, plaisant et convivial. La carte est dans la grande tradition : terrines maison, tête de veau ravigote, gibier en saison... Juste à côté, le Comptoir Marguery se la joue canaille, façon bistrot à sensation. Une adresse qui a une âme !

Menu 29 € – Carte 57/70 €

9 boulevard de Port-Royal (13e)
TEL. 01 43 31 58 59
www.petitmarguery.com
Ⓜ **Les Gobelins**

🍴○
Cuisine moderne • Bistro

SELLAE

Après Mensae dans le dix-neuvième arrondissement (table en latin), voilà Sellae (chaise), la nouvelle adresse de Thibault Sombardier, étoilé chez Antoine (Paris 16). Son chef italien propose une cuisine moderne, qui louche vers l'Italie, à l'instar de la sardine « Saor », polenta croustillante et oignons frits. En dessert, ce jour-là, une généreuse mousse au chocolat proposée tiède. De beaux produits, un savoir-faire certain.

Menu 22 € (déjeuner) – Carte 41/62 €

18 rue des Wallons (13e)
TEL. 01 43 31 36 04
www.sellae-restaurant.com
Ⓜ **Saint-Marcel**

Fermé 4-26 août, lundi, dimanche

☂

😊
Cuisine créative • Bistro

TEMPERO

Un bistrot fort sympathique, qui booste littéralement ce quartier plutôt calme, entre la Pitié-Salpêtrière et la BNF ! Il doit beaucoup à la personnalité de sa chef, Alessandra Montagne, originaire du Brésil et passée par des tables aussi séduisantes que Ze Kitchen Galerie et Yam'Tcha. Ici chez elle, en toute décontraction, elle cuisine au gré du marché de beaux produits frais, signant des recettes vivifiantes à la croisée de la France, du Brésil évidemment, mais aussi de l'Asie. Un joli métissage qui cultive l'essentiel : de suaves parfums... Un concept mi-bistrot, mi-cantine qui fait mouche !

À LA CARTE...
Aubergine, œuf parfait, sésame grillé • Porc confit, céleri rave fumé au foin • Pannacotta et fruit de la passion

Menu 26 € (déjeuner), 28/48 € – Carte 32/50 €

5 rue Clisson (13e)
TEL. 09 54 17 48 88
www.tempero.fr
Ⓜ **Chevaleret**

Fermé 4-26 août, 22 décembre-1er janvier, lundi soir, mardi soir, mercredi soir, samedi, dimanche

Cuisine moderne • Cosy

SOURIRE
LE RESTAURANT

Cette façade avenante dans une rue tristounette redonne le sourire. Banquettes en velours bleu, tables bistrot retro, producteurs au cordeau (Saint-Jacques de Saint-Brieux, agneau de Clavisy) : la recette est efficace et éprouvée. On trouve même la Georgette (cuillère à dessert tendance), comme à l'Elysée !

Menu 34 € (déjeuner), 45/68 €

15 rue de la Santé (13ᵉ)
TEL. 01 47 07 07 45
www.sourire-restaurant.com
Ⓜ Gobelins

Fermé lundi, dimanche

Ⓐ Ⓒ

I. Rasmussen/Axiom/Design Pics/Photononstop

B. Merle/Photononstop

14ᵉ

MONTPARNASSE •
DENFERT-ROCHEREAU
• PARC MONTSOURIS

Menu 55 € (déjeuner), 90/120 €

11 rue Raymond-Losserand (14ᵉ)
TEL. 01 43 20 21 39
www.cobea.fr
Ⓜ **Gaité**

Fermé 28 juillet-19 août, lundi,
dimanche

Cuisine moderne • Élégant

COBÉA

Cobéa ? Une plante d'Amérique du Sud et un clin d'œil aux propriétaires : Co comme Jérôme Cobou en salle, Bé comme Philippe Bélissent aux fourneaux et A comme Associés. Mais avant d'être associés, ces deux compères sont surtout amis et... passionnés de gastronomie ! Après avoir fait leurs armes dans de belles maisons, Philippe et Jérôme décident de se lancer en 2011, pleins d'enthousiasme... Monsieur Lapin – institution du 14ᵉ arrondissement fondée dans les années 1920 – se libère : qu'à cela ne tienne, Cobéa est né ! Dans ce restaurant à la déco sage et élégante, on se sent tout simplement bien et l'on a tout loisir d'admirer Philippe Bélissent s'activer en cuisine, toujours inspiré... Déjà étoilé au Restaurant de l'Hôtel, dans le 6ᵉ arrondissement, il n'a rien perdu de son talent. Sens du produit, goût du bon, harmonie des saveurs et subtilité... Ses assiettes sont franches et fines. Couteaux en persillade, lotte confite à l'avocat grillé, foie gras poêlé, châtaignes et champignons : Co comme Contentement, Bé comme Béatitude et A comme Allez-y sans tarder !

À LA CARTE...

Écrevisses européennes, melon et jus des carapaces • Ris d'agneau meunière, figue et semoule • Fruits rouges en pavlova

Pascal Lattes/Cobéa • Cobéa

Cuisine moderne • Élégant

MONTÉE

Menu 40 € (déjeuner), 105 €

9 rue Léopold-Robert (14ᵉ)
TEL. 01 43 25 57 63
www.restaurant-montee.fr
Ⓜ **Notre-Dame-des-Champs**

Fermé lundi, dimanche

A/C

Derrière la façade très discrète, près du boulevard Montparnasse, se joue une histoire que l'on commence à connaître, mais dont on ne se lassera jamais : un chef japonais (de Kobé) s'installe à Paris et nous fait partager son amour de la gastronomie française... Ici, cela donne des assiettes graphiques et millimétrées, dans la droite ligne de la tradition hexagonale, où le produit est admirablement mis en valeur. On profite de cette «Montée» grâce à un menu-carte savamment composé (5 plats à midi, 10 le soir), qui laisse entrevoir une technique et un savoir-faire incontestables, doublés d'une vraie personnalité de chef. Décor minimaliste, accueil efficace et chaleureux. Une belle adresse.

À LA CARTE...

Fois gras et banane fumée • Caille farcie aux raisins secs • Pomme, cidre et safran

Cuisine moderne • Cosy

AUX ENFANTS GÂTÉS

Ce restaurant fait de nous... des Enfants Gâtés ! L'intérieur se pare de belles teintes contemporaines ; aux murs, des citations de grands chefs et quelques recettes donnent un côté presque «littéraire» à la salle. Le chef compose des plats de caractère, agrémentant la tradition en fonction de son inspiration et de ce qu'il déniche au marché : terrine de faisan et compotée de chou rouge à l'aigre-doux ; poitrine de veau confite au four, endives caramélisées à l'orange... Des jus et bouillons délicieux, des saveurs percutantes : cette adresse nous gâte.

À LA CARTE...

Chair de tourteau et œufs de hareng, gelée de crustacés à la citronnelle • Pluma de cochon ibérique au piment d'Espelette, légumes sautés • Fondant cheesecake, coulis et sorbet mangue

Menu 37 € – Carte 44/54 €

4 rue Danville (14ᵉ)
TEL. 01 40 47 56 81
www.auxenfantsgates.fr
Ⓜ Denfert Rochereau

Fermé 23 février-4 mars, 1ᵉʳ-31 août, 22 décembre-7 janvier, lundi, dimanche

A/C

Cuisine moderne • Bistro

BISTROTTERS

Une bien jolie maison que ce Bistrotters installé dans le sud du 14ᵉ, près du métro Plaisance. À la lecture de la carte, une irrépressible fringale nous saisit : cromesquis de confit de canard, crème de parmesan et jeunes pousses de salade, ou encore croustillant de poitrine de cochon au fenouil et au cidre... On célèbre ici la bistronomie et l'épicurisme avec des plats gourmands et travaillés et de beaux produits : on privilégie les petits producteurs d'Île-de-France, ce qui fait toute la différence. Quant au cadre, il joue – tiens donc ! – la carte du bistrot décontracté... et ça marche !

À LA CARTE...

Déclinaison de légumes du moment • Croustillant de poitrine de cochon au fenouil et cidre • Pain perdu, caramel au beurre salé, chocolat croquant

Menu 23 € (déjeuner), 33/37 €

9 rue Decrès (14ᵉ)
TEL. 01 45 45 58 59
www.bistrotters.com
Ⓜ Plaisance

Fermé 24 décembre-1ᵉʳ janvier

A/C

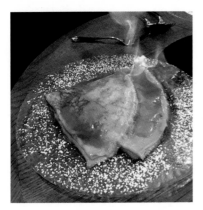

Cuisine traditionnelle • Bistro

L'EMPREINTE

À deux pas de Denfert-Rochereau et de la porte d'Orléans, ce restaurant, tenu par deux associés du métier (directeur d'hôtel et chef), ambitionne de mettre à l'honneur une cuisine traditionnelle, authentiquement française. On s'installe donc dans la salle à manger au charme contemporain (suspensions modernes, mobilier de couleur acajou, mur en pierre, comptoir) pour se délecter d'une cuisine bistrotière légèrement modernisée, privilégiant les produits frais et le terroir, à l'image de cette belle poêlée de girolles en persillade. Très bon rapport qualité prix du menu : une adresse sympathique.

À LA CARTE...
Terrine de râble de lapin au foie gras • Raie au camembert • Sorbet rhum arrangé

Menu 37 € – Carte 41/62 €

5 rue Mouton-Duvernet (14ᵉ)
TEL. 01 45 39 39 61
www.restaurant-empreinte.paris
Ⓜ **Mouton Duvernet**

Fermé 11-26 août, lundi, mardi midi

Cuisine traditionnelle • Convivial

ORIGINS 14

Après avoir fait ses armes sous l'œil de Bruno Doucet, le jeune Ollie Clarke a fait le grand saut : à la barre de l'ancienne Régalade, rebaptisée Origins 14, il laisse éclater son amour de la gastronomie française. Ce jeune chef de 28 ans, britannique pur jus, a tout pour réussir : une passion chevillée au corps et une capacité à magnifier le produit qu'il tient de sa mère, elle-même excellente cuisinière. Ses préparations s'appuient sur une sélection rigoureuse de petits producteurs (et d'une belle sélection de produits sauvages) et accompagnées de vins choisis par le sommelier Cyril Sagot. Une franche réussite.

À LA CARTE...
Cuisine du marché

Menu 24 € (déjeuner), 37 €

49 rue Jean-Moulin (14ᵉ)
TEL. 01 45 45 68 58
www.origins14.com
Ⓜ **Porte d'Orléans**

Fermé lundi midi, samedi, dimanche

🍴◯

Cuisine classique • Bistro

L'ASSIETTE

Une adresse franche et généreuse où l'on peut voir ce qui se trame en cuisine. Cassoulet maison, crevettes bleues obsiblue façon tartare, crème caramel au beurre salé, soufflé au chocolat... La cuisine de tradition prend l'accent bistrot chic.

Menu 35 € (déjeuner) – Carte 50/65 €

181 rue du Château (14e)
TEL. 01 43 22 64 86
www.restaurant-lassiette.com
Ⓜ Mouton Duvernet

Fermé 30 juillet-30 août,
23 décembre-3 janvier, lundi midi, mardi midi

🍴◯

Cuisine moderne • Convivial

AUX PLUMES

Une cuisine inspirée, gourmande et généreuse, réalisée par un jeune chef japonais passé par l'Astrance et le Chamarré Montmartre : voici ce qui vous attend ici. Les produits émanent des meilleurs commerçants du quartier (viandes du voisin Hugo Desnoyer, par exemple), on se régale au coude à coude dans une ambiance conviviale : allez-y les yeux fermés.

Menu 32 € (déjeuner), 38/50 €

45 rue Boulard (14e)
TEL. 01 53 90 76 22
www.auxplumes.com
Ⓜ Mouton Duvernet

Fermé 1er-31 août, lundi, dimanche

🍴◯

Cuisine traditionnelle • Bistro

BISTROT AUGUSTIN

Ce bistrot chic, au cadre intimiste, propose une cuisine du marché (et de saison) aux accents du sud, qui réveille la gourmandise. Un exemple : cette superbe côte de cochon du Périgord... Les produits sont ici à la fête, et nos appétits avec !

Menu 39 €

79 rue Daguerre (14e)
TEL. 01 43 21 92 29
www.augustin-bistrot.fr
Ⓜ Gaîté

Fermé dimanche

🛋 ♿ A/C

🍴◯

Cuisine traditionnelle • Bistro

LE CETTE

«Cette», c'est l'ancienne graphie de Sète et... l'hommage du patron à sa ville d'origine. Il a confié les fourneaux de son restaurant à une équipe japonaise pleine d'allant, qui réalise une merveille de cuisine française : carré de veau, rattes et truffes d'été ; turbot rôti et bouillon de mer... Très savoureux.

Menu 28 € (déjeuner), 48 €

7 rue Campagne-Première (14e)
TEL. 01 43 21 05 47
www.lecette.fr
Ⓜ Raspail

Fermé 5-26 août, samedi, dimanche

Cuisine moderne • Bistro

LE CORNICHON

L'affaire de deux passionnés : le premier, ingénieur informatique depuis toujours épris de restauration ; le second, chef formé à bonne école. Ensemble, ils ont créé ce bistrot bien d'aujourd'hui. Beaux produits, jolies recettes, riches saveurs, etc. : ce Cornichon est plein de croquant et de peps !

**Menu 35 € (déjeuner), 39 € –
Carte 45/65 €**

**34 rue Gassendi (14ᵉ)
TEL. 01 43 20 40 19
www.lecornichon.fr
Ⓜ Denfert Rochereau**

**Fermé 29 juillet-25 août, 24 décembre-
1ᵉʳ janvier, samedi, dimanche**

---

*Poissons et fruits de mer •
Cosy*

LE DUC

On se croirait dans une cabine de yacht, à l'ambiance surannée... Une large clientèle d'habitués de longue date affectionne l'adresse pour ses produits de la mer cuisinés avec soin et simplicité – un beurre émulsionné, une huile d'olive bien choisie, etc. – afin d'en révéler toute la fraîcheur. Un classique.

Menu 60 € (déjeuner) – Carte 75/130 €

**243 boulevard Raspail (14ᵉ)
TEL. 01 43 20 96 30
www.restaurantleduc.com
Ⓜ Raspail**

**Fermé 10-24 août, 23 décembre-2 janvier,
lundi, dimanche**

EHStock/iStock

15ᵉ

PORTE DE VERSAILLES • VAUGIRARD • BEAUGRENELLE

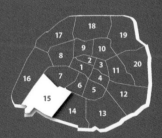

Menu 55 € (déjeuner), 130 €

12 rue de l'Amiral-Roussin (15ᵉ)
TEL. 01 42 73 66 66
www.neigedete.fr
Ⓜ **Avenue Émile Zola**

Fermé 4-26 août, lundi, dimanche

✿

Cuisine moderne • Épuré

NEIGE D'ÉTÉ

Neige d'Été… Un nom d'une poésie toute japonaise, et pour cause : l'adresse, née mi-2014, est l'œuvre d'un jeune chef nippon, Hideki Nishi, entouré d'une équipe venue elle aussi du pays du Soleil-Levant. Un nom en figure d'oxymore, surtout, qui annonce des jeux de contraste et une forme d'épure : telle est en effet la marque du cuisinier, en provenance du George V où il a parfait sa formation. Précision toute japonaise et répertoire technique hautement français s'allient donc à travers des recettes finement ciselées et subtiles, privilégiant les arrivages directs de Bretagne pour les légumes et les poissons, et les cuissons au charbon de bois pour les viandes. Un travail en justesse et en contrepoints, qui brille comme la neige en été…

À LA CARTE…

Bretagne «vitrée», blinis au sarrasin • Poularde grillée au charbon de bois japonais • Crémeux chocolat au café

Cuisine moderne • Contemporain

PILGRIM

On doit à Hideki Nishi (propriétaire de Neige d'Été, à Paris) l'ouverture de cette table à deux rues de la gare Montparnasse. C'est Terumitsu Saito, qui en tient les rênes : en quelques mois seulement, il a prouvé que ce rôle lui convenait à merveille. Dans une cuisine centrale et légèrement surélevée (les clients n'en manquent pas une miette !), il esquisse des plats raffinés et délicats, tels de véritables petits tableaux de maître entre France et Japon : au hasard de notre repas, œuf parfait au wasabi, purée de mizuna et gelée au dashi, ou bien tataki de veau cuit au foin, coulis de cresson et daikon mariné... C'est un pur régal, une partition précise et inspirée, mais on aurait tort d'être surpris étant donné le parcours impeccable du chef – Mandarin Oriental avec Thierry Marx, Grand Véfour avec Guy Martin, pour les plus emblématiques. Plus qu'un simple pèlerin, un futur lieu de pèlerinage ?

À LA CARTE...
Cuisine du marché

Menu 40 € (déjeuner), 85 €

8 rue Nicolas-Charlet (15ᵉ)
TEL. 01 40 29 09 71
www.pilgrimparis.com
Ⓜ Pasteur

Fermé 4-19 août, 22-31 décembre,
lundi, dimanche

❀
Cuisine moderne • Élégant

LE QUINZIÈME - CYRIL LIGNAC

Menu 69 € (déjeuner), 150/180 €

14 rue Cauchy (15e)
TEL. 01 45 54 43 43
www.restaurantlequinzieme.com
Ⓜ Javel

Fermé samedi, dimanche

Le restaurant de Cyril Lignac semble tout aussi sympathique que son – ô combien – médiatique chef ! À quelques enjambées du parc André-Citroën, voilà bien une adresse en vue : à la fois trendy et feutrée, chic et très contemporaine. Une élégante table d'hôte ouvre sur les fourneaux par une large baie vitrée, permettant d'admirer la brigade à l'œuvre. Aucun doute, les assiettes siglées Lignac font belle impression : esthétiquement très abouties, elles révèlent des associations de saveurs originales et flatteuses. Ainsi ces trois superbes noix de Saint-Jacques d'une fraîcheur incomparable, délicatement rôties à l'huile d'olive, surplombées de zestes et de mini-dés de clémentines, accompagnées d'une purée de carotte et d'une crème de tonka ultra-mousseuse... un plat que l'on n'oubliera pas de sitôt !

À LA CARTE...

Langoustine dorée, tartare et fraises de Plougastel, vinaigre de fruits rouges • Homard breton confit au beurre de corail, gnocchis de pomme de terre • Chocolat Équateur, mousse légère alpaco et crémeux chocolat au lait

Le Quinzième - Cyril Lignac

Cuisine moderne • Contemporain

L'ANTRE AMIS

À la limite des 7ᵉ et 15ᵉ arrondissements, au rez-de-chaussée d'un bel immeuble, on découvre cet Antre dont le chef-patron assure la cuisine avec passion. Il fait trois fois par semaine son marché directement à Rungis, sélectionnant d'excellents produits (viandes, poissons, coquillages...), qui constituent la matière première d'assiettes soignées, exécutées avec précision. Des saveurs franches déclinées dans une carte hyper-courte et accompagnées d'une belle carte des vins – environ 150 références.

À LA CARTE...

Œuf cuit nacré, émulsion de pomme de terre à l'huile d'olive • Carré d'agneau en croûte d'herbes, ricotta et épinards • Marmelade de fraise, figues fraîches, glace vanille et éclats de meringue

Menu 35/45 € – Carte 48/60 €

9 rue Bouchut (15ᵉ)
TEL. 01 45 67 15 65
www.lantreamis.com
Ⓜ **Ségur**

Fermé 1ᵉʳ-10 janvier, 1ᵉʳ-31 août, samedi, dimanche

Cuisine moderne • Tendance

L'ATELIER DU PARC

Voilà un établissement qui tranche avec les nombreuses brasseries traditionnelles de la porte de Versailles : bar en plexiglas changeant de couleur, teintes sobres et beaux sièges design qui donnent leur version d'un nouvel Art déco... Ce cadre chic et moderne sied parfaitement à la cuisine inventive et soignée d'un jeune chef plein d'allant. Ris de veau croustillant rôti au thym, éclair au homard, bouillabaisse de l'atelier... – tout est fait maison ! Beaucoup de finesse et une belle surprise face au parc des expositions.

À LA CARTE...

Tourte feuilletée au veau et foie gras, sorbet cornichon • Epaule d'agneau confite 36 heures, caviar d'aubergines et gratin dauphinois • Cheesecake revisité

Menu 27 € (déjeuner), 36/85 €

35 boulevard Lefebvre (15ᵉ)
TEL. 01 42 50 68 85
www.atelierduparc.fr
Ⓜ **Porte de Versailles**

Fermé 5-14 janvier, 4-26 août, lundi midi, dimanche

Cuisine moderne • Bistro

BISCOTTE

Maximilien et Pauline, deux habitués des maisons les plus prestigieuses (Bristol, Lasserre, Arpège, George V), ont choisi cette rue près de la porte de Versailles pour voler enfin de leur propres ailes... Petit aperçu des réjouissances : intérieur de bistrot convivial, larges verrières donnant sur la cuisine, et dans l'assiette des préparations du marché, goûteuses et appliquées, qui évoluent au gré des saisons et des approvisionnements. On va droit au but, l'ambiance est sympathique : tous les ingrédients sont réunis pour passer un super moment.

À LA CARTE...

Crème de courgette et coquillages à la marinière • Agneau de lait de l'Aveyron à la sarriette • Vacherin fraise, crème verveine

Menu 25 € (déjeuner), 37/49 €

22 rue Desnouettes (15ᵉ)
TEL. 01 45 33 22 22
www.restaurant-biscotte.com
Ⓜ **Convention**

Fermé 27 juillet-19 août, lundi, samedi soir, dimanche soir

Cuisine traditionnelle • Bistro

LE CASSE NOIX

À moins de faire un tour à la maison de la culture du Japon, on n'avait que peu de raisons de traverser la tranquille rue de la Fédération... Et puis est arrivé le Casse Noix. En entrant, on est saisi par l'ambiance conviviale et les chaleureuses tablées au coude-à-coude ; le regard s'attarde sur les murs tapissés d'affiches anciennes, et sur les meubles garnis de vieilles pendules et d'objets rétro... Côté petits plats, l'authenticité prime aussi : délicieuse cuisine canaille, dont boudins blancs et pâtés en croûte, inspiré au chef par son papa, Meilleur Ouvrier de France à Orléans...

À LA CARTE...

Maquereau mariné au citron, concombre à la crème • Cabillaud rôti, carottes à l'orange • Île flottante

Menu 35 €

56 rue de la Fédération (15ᵉ)
TEL. 01 45 66 09 01
www.le-cassenoix.fr
Ⓜ **Bir-Hakeim**

Fermé 26 juillet-19 août,
24 décembre-2 janvier, samedi, dimanche

Cuisine traditionnelle • Convivial

L'OS À MOELLE

C'est toujours un plaisir de retrouver le chemin de l'Os à Moelle, où Thierry Faucher s'illustra au début des années 2000 comme l'un des précurseurs de la bistronomie. Pour ceux qui aurait manqué cette belle page de l'histoire gourmande de Paris, l'heure est venue d'un rattrapage en bonne et due forme. Ses assiettes disent tout de son ancrage canaille et traditionnel : huîtres poireaux vinaigrette, foie de veau, purée de rutabaga au gingembre, os a moelle, soupe du jour... Une ardoise réécrite en fonction du marché et délivrée avec un savoir-faire éprouvé – selon la philosophie du chef.

À LA CARTE...

Boudin noir poêlé, céleri rémoulade au raifort • Brandade de haddock au chou vert, beurre de nage et caviar de hareng • Quenelle de chocolat guanaja, sauce safranée

Menu 29 € (déjeuner) – Carte 37/44 €

3 rue Vasco-de-Gama (15ᵉ)
TEL. 01 45 57 27 27
www.osamoelle-restaurant.com
Ⓜ Lourmel

Fermé 22 décembre-2 janvier, lundi, samedi midi, dimanche

Cuisine traditionnelle • Bistro

LE RADIS BEURRE

Joli parcours que celui de Jérôme Bonnet : natif de Narbonne, il a perfectionné son art dans des maisons aussi prestigieuses que le Pavillon Ledoyen et le Relais Bernard Loiseau. C'est boulevard Garibaldi, à Paris, qu'il a trouvé en 2015 l'endroit dont il rêvait pour monter son propre restaurant. Dans un cadre de bistrot sans fioritures, il propose une cuisine goûteuse et bien ficelée, parfois canaille, qui porte la marque de ses origines sudistes : pied de cochon poêlé au foie gras de canard et jus de viande acidulé, ou encore tête de veau poêlée, marmelade de pomme de terre... Petite terrasse sur le boulevard.

À LA CARTE...

Pieds de cochon poêlé au foie gras de canard, jus de viande acidulé • Dos de cabillaud, tartare de radis, pommes de terre et beurre émulsionné au citron • Riz au lait de ma grand-mère « Rosa »

Menu 36 € – Carte 36/45 €

51 boulevard Garibaldi (15ᵉ)
TEL. 01 40 33 99 26
www.restaurantleradisbeurre.com
Ⓜ Sèvres Lecourbe

Fermé 1ᵉʳ-21 août, 22 décembre-2 janvier, samedi, dimanche

Cuisine traditionnelle • Bistro

LE TROQUET

Le «troquet» dans toute sa splendeur : décor bistrotier authentique, banquettes en moleskine, ardoises, miroirs et petites tables au coude-à-coude invitant à la convivialité... Autant dire qu'on vient ici autant pour l'atmosphère que pour la cuisine ! Aux fourneaux, le jeune chef, Marc Mouton, concocte de délicieuses recettes – certaines avec l'accent du Sud-Ouest –, en valorisant des produits ultrafrais. Pour vous en convaincre, essayez le céleri rémoulade, coquillages et vinaigrette aux herbes ou le savoureux riz au lait et fruits secs. Alors, séduit ?

À LA CARTE...

Ventrèche ibaïona grillée, couteaux et parmesan • Maquereau poêlé, tapenade, sauce vierge • Paris-bayonne façon Troquet

Menu 33 € (déjeuner), 35/41 €

21 rue François-Bonvin (15ᵉ)
TEL. 01 45 66 89 00
www.restaurantletroquet.fr
Ⓜ Cambronne

Fermé 5-26 août, lundi, dimanche

Cuisine traditionnelle • Bistro

LE VITIS

On avait connu Marc Delacourcelle au Pré Verre, dans le 5ᵉ arrondissement, l'une des adresses phare de la vague «bistronome» à Paris. Il est aujourd'hui aux commandes de cette table familiale et conviviale, grande comme un mouchoir de poche. Sa cuisine est bien dans l'air du temps : poêlée de couteaux, terrine de canard accompagnée de fruits secs, ou encore l'incontournable de la maison, le cochon de lait fondant aux épices douces... Des recettes bien tournées, franches et parfumées : on passe un excellent moment.

À LA CARTE...

Poêlée de couteaux au pistou • Cochon de lait aux épices • Truffade de chocolat noir, sauce chicorée

Carte 35/39 €

8 rue Falguière (15ᵉ)
TEL. 01 42 73 07 02
www.levitis.fr
Ⓜ Falguière

Fermé lundi, dimanche

194

Olivier Decker/Michelin • Olivier Decker/Michelin

🍴
Cuisine moderne • Bistro

L'ACCOLADE

Le jeune chef, qui se destinait d'abord à une carrière de professeur de sport, a changé de cap et appris le métier de cuisinier. Dans une ambiance franchement conviviale, il propose une cuisine goûteuse, renouvelée chaque jour, dans laquelle on croise de nombreux produits du Sud-ouest, mais aussi quelques épices thaïes. Une adresse attachante.

Menu 25 € (déjeuner), 35 € – Carte 38/53 €

208 rue de la Croix-Nivert (15ᵉ)
TEL. 01 45 57 73 20
www.laccoladeparis.fr
Ⓜ Boucicaut

Fermé 4-25 août, lundi, dimanche

🍴
Cuisine traditionnelle • Convivial

BEURRE NOISETTE

Un bistrot savoureux, bien connu des habitués ! Thierry Blanqui puise son inspiration au marché : ravioles de boudin noir, chorizo ; poitrine de cochon caramélisée ; baba au rhum, et de belles recettes canailles ! Un pied dans la tradition, l'autre dans la nouveauté : on se délecte... Une valeur sûre.

Menu 32 € (déjeuner), 38/56 €

68 rue Vasco-de-Gama (15ᵉ)
TEL. 01 48 56 82 49
www.restaurantbeurrenoisette.com
Ⓜ Lourmel

Fermé 4-19 août, lundi, dimanche

🍴
Cuisine libanaise • Chic

LE CHERINE

Ce restaurant est une jolie histoire de famille, autour d'un duo père-fille, dont le nom, Cherine, a inspiré celui de l'établissement. On déguste une savoureuse cuisine libanaise dans un décor moderne (taboulé persillé, moutabal d'aubergine etc.), préparé avec minutie par un chef inspiré. Sans oublier un délicieux baklawa, en dessert !

Menu 18 € (déjeuner), 35/50 € – Carte 35/50 €

74 rue de la Croix-Nivert (15ᵉ)
TEL. 01 53 61 92 52
Ⓜ Commerce

Fermé lundi

🍴
Cuisine traditionnelle • Bistro

LE GRAND PAN

Un bistrot de quartier qu'aurait pu fréquenter Georges Brassens, qui habita tout près. À l'ardoise, de belles pièces de viande à partager, une cuisine généreuse et calquée sur les saisons, parsemée de produits de qualité : homard, Saint-Jacques, cèpes... sans oublier le gibier en saison.

Menu 30 € (déjeuner) – Carte 37/55 €

20 rue Rosenwald (15ᵉ)
TEL. 01 42 50 02 50
www.legrandpan.fr
Ⓜ Plaisance

Fermé 5-25 août, samedi, dimanche

🍴○

Cuisine moderne • Bistro

IDA BY DENNY IMBROISI

Petite par la taille... mais grande par sa cuisine ! Entre bistrot moderne et trattoria, cette cuisine inspirée du marché parle l'italien sans accent : goûts francs, produits choisis, et spaghettoni alla carbonara, jaune d'œuf coulant, de haute volée. Un plaisir fou de bout en bout !

**Menu 34 € (déjeuner), 59 € –
Carte 44/55 €**

117 rue de Vaugirard (15ᵉ)
TEL. 01 56 58 00 02
www.restaurant-ida.com
Ⓜ **Falguière**

Fermé 4-19 août, 23 décembre-2 janvier, dimanche

A/C

🍴○

Cuisine coréenne • Classique

YIDO Ⓝ

Yido est le roi de Corée se trouvant à l'origine de l'alphabet coréen. Ici, s'écrit une page de la gastronomie coréenne à Paris. C'est authentique, familial, et savoureux. Un voyage culinaire au cœur du 15ᵉ arrondissement.

Menu 20 € (déjeuner), 28/38 €

54 avenue Émile-Zola (15ᵉ)
TEL. 01 83 06 17 10
Ⓜ **Charles Michel**

Fermé lundi midi

A/C

halbergman/iStock

16e

TROCADÉRO • ÉTOILE • PASSY • BOIS DE BOULOGNE

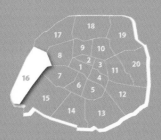

Menu 140 € (déjeuner),
220/280 € – Carte 260/310 €

**route de Suresnes -
Bois de Boulogne (16ᵉ)**
TEL. 01 44 14 41 14
www.precatelanparis.com

**Fermé 24 février-11 mars,
28 juillet-19 août,
27 octobre-4 novembre, lundi,
dimanche**

❀❀❀
Cuisine créative · Luxe

LE PRÉ CATELAN

Un lieu somptueux et chargé d'histoire, mais inscrit dans notre époque : tel est Le Pré Catelan ! On doit à Pierre-Yves Rochon d'avoir révolutionné l'esprit de ce pavillon Napoléon III niché en plein cœur du bois de Boulogne, à grand renfort de mobilier design et de tons vert, blanc et argent.

Aux commandes de cette noble maison, on continue de profiter des créations d'un Meilleur Ouvrier de France à la passion intacte : Frédéric Anton. De ses mentors (dont Joël Robuchon), le chef a hérité la précision et la rigueur, auxquelles s'ajoute un goût certain pour les associations de saveurs inédites.

Souvent centrées sur un produit de choix (le rouget, la morille, le pigeonneau, la langoustine), les assiettes allient équilibre, harmonie, générosité : chacune d'entre elles est un petit bijou de travail, jusque dans sa conception graphique. N'oublions pas, bien sûr, la cave irréprochable et l'accueil au diapason.

À LA CARTE...

Crabe, crème à l'aneth, avocat, caviar de France, pomélo et saveurs thaïes • Cabillaud aux algues, beurre au citron vert et brandade • Pomme soufflée croustillante, crème glacée au caramel, cidre et sucre pétillant

Richard Haughton/Le Pré Catelan

Cuisine moderne • Luxe

L'ABEILLE

Si le Shangri-La était un paquebot, L'Abeille serait la cabine de pilotage. Le «restaurant français» de ce superbe palace parisien né au début des années 2010, tire son appellation de l'emblème napoléonien – Napoléon devient empereur vêtu d'un manteau brodé de 1 500 abeilles d'or. Bannière de l'Empire, au même titre que l'aigle, elle remplace la fleur de lys.

Moquette sombre, nuances de jaune et de gris clair, tables dressées avec soin et, çà-et-là, le motif de l'insecte rappelant les fastes de l'Empire : après tout, ne sommes-nous pas dans l'ancienne demeure du prince Roland Bonaparte ?

Ici, le capitaine de vaisseau s'appelle Christophe Moret, ancien élève de Jacques Maximin, et adoubé par Alain Ducasse, dont il dirigera les cuisines du Plaza Athénée sept années durant : «L'Abeille, répète-t-il, est un restaurant dans un palace, pas un restaurant de palace.» Araignée de mer rafraîchie à la tomate et au gingembre, sabayon coraillé ; homard et coque d'amande en cocotte lutée, pêche au parfum de sangria ; miel du maquis corse givré aux parfums de citron et d'eucalyptus - produits, saveurs, technicité, service distingué : tout est maîtrisé. Une vitrine de l'art de vivre à la française, une table au goût de miel.

À LA CARTE...

Feuille à feuille de foie gras de canard • Pigeonneau de Racan rôti, sauce d'un borchtch • Miel corse givré aux parfums de citron et d'eucalyptus

Menu 230 € – Carte 160/230 €

10 avenue d'Iéna (16e)
TEL. 01 53 67 19 90
www.shangri-la.com
Ⓜ **Iéna**

Fermé 1er-14 janvier,
28 juillet-26 août, lundi, mardi
midi, mercredi midi, jeudi midi,
vendredi midi, samedi midi,
dimanche

Menu 95 € (déjeuner), 250 €

4 rue Beethoven (16ᵉ)
TEL. 01 40 50 84 40
www.astrancerestaurant.com
Ⓜ Passy

Fermé 26 juillet-26 août,
22 décembre-7 janvier, lundi,
samedi, dimanche

&& A/C

&& &&
Cuisine créative · Épuré

ASTRANCE

Les Parisiens le savent : réserver une table à l'Astrance peut s'avérer un véritable challenge, voire une gageure ! Et pour cause : les années n'ont en rien émoussé le succès de cette petite table (vingt-cinq couverts à peine) installée près du Trocadéro.

Ici, la cuisine se réinvente chaque jour, et ce n'est pas une façon de parler : le menu découverte est établi chaque matin en fonction du marché et de l'humeur de Pascal Barbot. À chaque service, vingt-cinq chanceux se prêtent au jeu et s'en remettent à ses inspirations. Ils profitent aussi de tout le reste, en particulier d'une carte des vins composée avec beaucoup de soin et d'un service en toute discrétion.

À LA CARTE...

Millefeuille de champignons de Paris, foie gras mariné au verjus, huile de noisette • Légine au miso, beurre blanc à la sauce soja, riz koshihikari • Gavotte et figue pochée, crème légère au xérès

Astrance

Cuisine créative • Élégant

ALAN GEAAM

On parle toujours du rêve américain... Alan Geaam, lui, préfère parler du rêve français ! Enfui de son Liban natal à l'âge de 10 ans, réfugié aux États-Unis avec sa famille, il a débarqué à Paris à 24 ans avec une idée en tête : intégrer le monde de la gastronomie, sa véritable passion. Successivement plongeur, puis commis, il intègre une école de cuisine et gravit un à un les échelons du métier. Avec l'ouverture de ce restaurant dans la rue Lauriston (anciennement Akrame), il éclate au grand jour et réalise la synthèse de ce qu'il a appris tout au long de son parcours. Ses recettes originales marient le patrimoine français et des influences libanaises avec une grande justesse – le terme de «métissage» n'a jamais été aussi approprié –, et chaque assiette respire la passion et le travail. Une bien belle table.

Menu 48 € (déjeuner), 80/100 €

19 rue Lauriston (16ᵉ)
TEL. 01 45 01 72 97
www.alangeaam.fr
Ⓜ **Charles de Gaulle-Etoile**

Fermé lundi, dimanche

A/C

À LA CARTE...
Kebbeh d'anguille fumée • Pigeon laqué à la mélasse de Grenade • Cône de cèdre, praliné de graines de courge, miel et lait fermenté glacé

✿

Poissons et fruits de mer • Élégant

ANTOINE

Le chef Thibault Sombardier est à la barre de ce haut lieu de la cuisine de la mer à Paris. La carte change chaque jour pour offrir le meilleur de la marée, en liaison directe avec les ports bretons, vendéens, basques ou méditerranéens. En cas d'arrivage surprise, on pourra même vous proposer quelques suggestions de dernière minute ! On se régale donc pour ainsi dire au gré des vagues... Que les carnivores se rassurent, un petit choix de viandes est prévu rien que pour eux – sans parler des très alléchants desserts. Le chef a l'amour de l'excellent produit et des belles saveurs, qu'il sait exalter avec finesse et inventivité. Une salle agréable, baignée de lumière et sobrement décorée, permet de les apprécier à leur juste valeur. N'hésitez pas à venir à midi : le menu déjeuner se révèle d'un excellent rapport qualité-prix.

À LA CARTE...

Pain soufflé de homard, estragon et champignons de Paris • Suprême de pintade fermière, crème d'échalote et raviole végétale • Écorce chocolat, caramel et cacahouètes

Menu 49 € (déjeuner), 160 € – Carte 130/175 €

10 avenue de New York (16ᵉ)
TEL. 01 40 70 19 28
www.antoine-paris.fr
Ⓜ Alma Marceau

Fermé lundi, dimanche

❀
Cuisine créative • Épuré

L'ARCHESTE

Devanture engageante et cadre épuré (peinture sombre effet brossé, structure en bois, grande vitre apportant de la luminosité) pour ce restaurant imaginé par un chef passionné de produit qui a officié dix-huit ans chez Hiramatsu, dont dix en tant que chef. Il émerveille son monde avec une cuisine française éclatante de modernité, précise et cohérente, qui fait la part belle à des produits d'excellente qualité tout en épousant les saisons de fort belle manière. Pas de carte ici : les menus (3 ou 6 temps à midi, 7 le soir) évoluent chaque jour au gré des humeurs du chef.

Au fait, pourquoi l'Archeste ? Dans ce nom, il faut voir un double hommage. À Alain Senderens, d'abord et à son restaurant L'Archestrate, mais aussi un savant mélange d'artiste, d'artisanal, d'orchestre et d'art. Au final, l'important, c'est qu'on s'y régale... et figurez-vous que c'est le cas.

À LA CARTE...

Seiche et foie gras poché, salade romaine et sauce gribiche • Carré d'agneau de Lozére et légumes de saison • Vacherin revisité aux fruits de saison

Menu 52 € (déjeuner), 110/180 €

79 rue de la Tour (16ᵉ)
TEL. 01 40 71 69 68
www.archeste.com
Ⓜ Rue de la Pompe

Fermé 1ᵉʳ-31 août, lundi, samedi midi, dimanche

 ♿ A/C

Cuisine moderne · Élégant

COMICE

Un couple de Canadiens, Noam Gedalof de Montréal et Etheliya Hananova de Winnipeg, a eu l'excellente idée d'ouvrir leur premier restaurant à Paris, après de belles expériences internationales : le chef – ancien du French Laundry, en Californie – s'inspire des bases de la cuisine française, qu'il saupoudre de modernité. Son obsession : mettre en valeur des produits de la saison avec le plus grand soin, et renouveler régulièrement sa carte au gré de ses trouvailles. Cette séduisante cuisine se déguste dans une jolie salle moderne aux murs bleu profond, agrémentés de tableaux d'artistes contemporains (avec une cuisine ouverte au fond de la salle). L'ensemble est élégant et feutré, et vous n'aurez qu'une hâte : y retourner.

À LA CARTE...

Chou-fleur à la grenobloise • Veau corse, aubergines en persillade et jus de veau • Soufflé au chocolat et glace à la vanille

Menu 46 € (déjeuner),
120 € – Carte 80/110 €

31 avenue de Versailles (16ᵉ)
TEL. 01 42 15 55 70
www.comice.paris
Ⓜ Mirabeau

Fermé 21 avril-6 mai, 11-26 août,
22 décembre-6 janvier, lundi,
mardi midi, mercredi midi,
dimanche

Michelin

Cuisine moderne • Élégant

ÉTUDE

Une signature contemporaine, une ode à la simplicité et à l'épure : ces mots font figure d'évidence lorsque l'on découvre les créations du chef, Keisuke Yamagishi. Il a choisi de nommer son restaurant «Étude», en hommage à la musique de Frédéric Chopin – une passion –, mais aussi parce que c'est ainsi qu'il considère son travail : une recherche inlassable sur cette matière toujours vivante qu'est la gastronomie. Nourri par ses rencontres avec des petits producteurs, par la découverte de produits venus de loin – poivre de Taiwan aux notes d'agrumes, baies iraniennes –, porté enfin par son double héritage culinaire – France et Japon –, il cuisine ici tel un funambule, au gré de menus «Symphonie», «Ballade», «Prélude»... une jolie leçon d'harmonie ! Superbe.

À LA CARTE...
Cuisine du marché

Menu 45 € (déjeuner), 80/130 €

14 rue du Bouquet-de-Longchamp (16ᵉ)
TEL. 01 45 05 11 41
www.restaurant-etude.fr
Ⓜ Boissière

Fermé 17 février-11 mars, 4-26 août, lundi, samedi midi, dimanche

🕸 🅰🅲

**Menu 89/192 € –
Carte 160/220 €**

Bois de Boulogne (16ᵉ)
TEL. 01 45 27 33 51
www.restaurantsparisiens.com

Fermé 22 décembre-11 janvier

✿

Cuisine moderne · Classique

LA GRANDE CASCADE

Transformé en restaurant pour l'Exposition universelle de 1900, le restaurant mêle les styles Empire, Belle Époque et Art nouveau : un charme incomparable se dégage de la rotonde, aménagée sous une grande verrière, et de la magnifique terrasse. La clientèle d'affaires vient y respirer le chic du Paris d'autrefois et l'air de la campagne en plein bois de Boulogne. Georges Menut veille amoureusement sur cette Grande Cascade, prenant soin de cultiver son image de grande dame. Mais l'établissement vit aussi avec son temps : pour preuve, la présence de Frédéric Robert, un chef brillant, passé par Le Grand Véfour, le Vivarois et Lucas-Carton (où il a travaillé aux côtés de Senderens pendant dix ans). Il a carte blanche pour imaginer une cuisine subtile, aux saveurs bien marquées, qui hisse cette maison parmi les belles adresses gourmandes de la capitale.

À LA CARTE...

Macaroni, truffe noire, foie gras et céleri gratinés au parmesan • Ris de veau croustillant aux herbes à tortue, carottes, gingembre-orange • Mille gaufres à la crème légère de vanille

J.-D. Sudres/hemis.fr • La Grande Cascade

❀

Cuisine moderne • Élégant

NOMICOS

Après avoir dirigé de nombreuses années durant les cuisines du restaurant Lasserre – l'un des temples de la cuisine classique –, Jean-Louis Nomicos est bien installé dans ce restaurant qui porte son nom. Pour ce chantre de la belle tradition, qui est né à Marseille et a grandi dans le culte de la bouillabaisse, l'art et la technique doivent avant tout rester au service des sens et du plaisir. Telle est la condition pour révéler toutes les potentialités des grandes recettes et des produits de choix – méditerranéens, si possible ! Et si la carte des vins peut dorénavant s'écrire en pixels, les saveurs dans l'assiette, elles, n'ont rien de virtuel...

À LA CARTE...

Macaroni aux truffes noires et foie gras de canard • Côte de veau de lait, girolles et petits pois • Archipel Nomicos, îles flottantes aux trois saveurs

Menu 49 € (déjeuner),
75/145 € – Carte 120/180 €

16 avenue Bugeaud (16ᵉ)
TEL. 01 56 28 16 16
www.nomicos.fr
Ⓜ Victor Hugo

Fermé lundi, dimanche

♿ A/C 🍽

Olivier Decker/Michelin

Menu 55 € (déjeuner),
105/175 €

4 rue Auguste-Vacquerie (16ᵉ)
TEL. 01 47 20 74 94
www.restaurantpages.fr
🚇 Charles de Gaulle-Etoile

Fermé 5-26 août, lundi, dimanche

Cuisine créative • Épuré

PAGES

La passion des chefs japonais pour la gastronomie française s'illustre une nouvelle fois à travers ce restaurant surprenant. Passé par de belles maisons, Ryuji Teshima, dit Teshi, propose une version contemporaine et très personnelle de la cuisine de l'Hexagone. Autour de menus «surprise», il imagine des mélanges de saveurs qui peuvent paraître improbables sur le papier, mais réellement percutants dans l'assiette. On profite de son travail dans un décor épuré, et les cuisines visibles depuis la salle permettront aux curieux de le voir s'affairer aux fourneaux... Un ensemble résolument à la page !

À LA CARTE...
Carpaccio de bœuf ozaki • Poularde grillée et jaune d'œuf • Hojicha et chocolat

Cuisine traditionnelle • Élégant

LE PERGOLÈSE

Dès le début, Stéphane Gaborieau voulait faire du Pergolèse une «belle maison bourgeoise où l'on reçoit les clients comme chez soi». Véritable passionné, ce chef lyonnais, Meilleur Ouvrier de France, a fait ses classes dans des maisons prestigieuses aux côtés de grands noms (Georges Paccard, Pierre Orsi). La cuisine, respectueuse des produits, révèle des notes ensoleillées : logique, c'est dans le Sud que Stéphane Gaborieau a fait ses débuts. Quant au décor, il se montre élégant : tentures crème, fauteuils de velours rouge, tableaux contemporains... Quant à la carte des vins, riche de près de 300 références, elle ne manque pas de belles bouteilles.

À LA CARTE...

Moelleux de filets de sardines marinés aux herbes, fondue de poivrons en basquaise et sorbet tomate • Sole meunière farcie en duxelles, jus de cuisson en glaçage • Soufflé chaud aux saveurs de la saison

Menu 56 € (déjeuner) –
Carte 90/135 €

40 rue Pergolèse (16ᵉ)
TEL. 01 45 00 21 40
www.lepergolese.com
Ⓜ Porte Maillot

Fermé 3-25 août, samedi, dimanche

Menu 48 € (déjeuner),
98/128 € – Carte 70/150 €

10 avenue d'Iéna (16ᵉ)
TEL. 01 53 67 19 92
www.shangri-la.com
Ⓜ Iéna

Fermé 15 août-11 septembre

✿

Cuisine chinoise • Exotique

SHANG PALACE

Shangri-La... Le nom résonne comme un voyage aux confins de l'Asie, vers un paradis luxueux et imaginaire. Le célèbre hôtel parisien, né en 2010, a su donner le même éclat à ses restaurants, dont ce Shang Palace. Situé au niveau inférieur de l'établissement, il transporte ses hôtes dans un Hong Kong merveilleux, entre raffinement extrême-oriental et élégance Art déco. Colonnes incrustées de jade, paravents sculptés et lustres en cristal promettent un dîner aussi feutré qu'étincelant. La cuisine cantonaise est à l'honneur ; on peut partager en toute convivialité un assortiment de plats servis au centre de la table. Les cuissons se révèlent précises, les parfums subtils. Les dim sum sont moelleux à souhait et le goût de la sole cuite à la vapeur s'envole accompagné de champignons noirs et de tofu soyeux. Pour finir, entre autres douceurs, une crème de mangue, garnie de pomélo et de perles de sagou, laisse une belle impression de fraîcheur...

À LA CARTE...

Saumon Lo Hei • Poulet sauté et riz fermenté à l'osmanthe • Crème de mangue, pomélo et perles de sagou

😋

Cuisine traditionnelle • Bistro

Nº 41

Ce sympathique bistrot de style industriel est le petit dernier d'un couple de restaurateurs passionnés, propriétaires, notamment, de la Fontaine de Mars. Secondés par leur fils Charles (« l'âme de la maison ! »), ils réalisent une cuisine gourmande de qualité. On se régale ainsi d'un tartare de thon citron et gingembre, d'une volaille émincée au lait de coco et pomme fondante... Ici, il n'est pas question d'intellectualiser la tradition, mais de la respecter, tout simplement. D'ailleurs, les clients ne s'y trompent pas : on refuse du monde à tour de bras !

À LA CARTE...
Tartare de thon Kondo san • Blanquette de veau • Petit pot de crème au chocolat

Carte 25/53 €

41 avenue Mozart (16ᵉ)
TEL. 01 45 03 65 16
www.n41.fr
Ⓜ Ranelagh

Fermé 11-22 août, 30 décembre-2 janvier

♿ 🅰️Ⓒ

🍴◯

Cuisine moderne • Élégant

CAFÉ DE L'HOMME

Au rez-de-chaussée du Palais de Chaillot, l'immense terrasse (330 m2) du Café de l'Homme offre une vue somptueuse sur la Tour Eiffel toute proche : magique ! Entre classiques revisités (un filet de bœuf sauce au poivre) et virées exotiques (tataki de thon rouge au yuzu et wasabi), les saveurs sont bel et bien là, il y a du sérieux et de l'application dans l'assiette.

Carte 52/86 €

6 place du Trocadéro-et-du-11-Novembre (16ᵉ)
TEL. 01 44 05 30 15
www.cafedelhomme.com
Ⓜ Trocadéro

🌳 ♿ 🅰️Ⓒ 🍽️

🍴◯

Cuisine moderne • Design

DUCASSE SUR SEINE

Décidément, Alain Ducasse ne manque ni d'audace, ni d'idées. La preuve, une fois de plus avec Ducasse sur Seine : ce bateau électrique, amarré au quai du port Debilly, dans le très chic 16ᵉ arrondissement, propose une promenade gastronomique écolo et silencieuse. En même temps que les monuments de Paris, on découvre une cuisine au goût du jour rondement menée par une brigade digne des grandes maisons. Mise à flots réussie, mon capitaine.

Menu 100 € (déjeuner), 150/290 €

Port Debilly (16ᵉ)
TEL. 01 58 00 22 08
www.ducasse-seine.com
Ⓜ Trocadéro

🅰️Ⓒ

¶O
Cuisine moderne • Design

LE FRANK

Le chef étoilé Jean-Louis Nomicos est le conseiller culinaire de cette table au cadre contemporain, installée dans la fondation Louis Vuitton. À la carte, des préparations goûteuses et bien réalisées, avec même quelques en-cas dans l'après-midi. Attention : pas de réservation au déjeuner.

Carte 55/84 €

8 avenue du Mahatma-Gandhi
(Fondation Louis-Vuitton) (16ᵉ)
TEL. 01 58 44 25 70
www.restaurantlefrank.fr
Ⓜ Les Sablons

Fermé lundi soir, mardi, mercredi soir, jeudi soir, dimanche soir

🛖 A/C

───────────

¶O
Cuisine libanaise • Chic

MAISON NOURA Ⓝ

Au cœur du triangle d'or, cette institution a été entièrement réinventée et se pare désormais d'un décor oriental chic de belle facture, signé Pierre-Yves Rochon. En cuisine, le Liban est toujours à l'honneur avec des préparations fraîches et 100% maison, dont les incontournables mezzes. Un plaisant voyage !

Menu 49/72 € – Carte 45/65 €

21 avenue Marceau (16ᵉ)
TEL. 01 47 20 33 33
www.noura.com
Ⓜ Alma Marceau

🛖 A/C 🍽

¶O
Cuisine moderne • Contemporain

LE METROPOLITAN

Sur la place de Mexico, en plein cœur du très chic 16ᵉ arrondissement, l'hôtel Metropolitan dévoile une élégance certaine… et son restaurant, éponyme, ne laisse pas indifférent. On y profite d'une cuisine inspirée de la tradition, parsemée de légères touches italiennes, et d'un rapport qualité-prix plutôt avantageux pour le quartier.

Carte 46/67 €

10 place de Mexico (16ᵉ)
TEL. 01 56 90 40 12
www.hotellemetropolitanparis.fr
Ⓜ Trocadéro

Fermé 4-26 août, lundi, dimanche

♿ A/C 🔆

───────────

¶O
Cuisine moderne • Design

L'OISEAU BLANC

La table de «gastronomie française contemporaine» du Peninsula, ce luxueux hôtel installé près de l'Arc de Triomphe. Sur les toits, où trône une reproduction de l'Oiseau Blanc (l'avion avec lequel Nungesser et Coli tentèrent la traversée de l'Atlantique en 1927), le restaurant semble partir à l'assaut du ciel de Paris !

Menu 69 € (déjeuner), 115 €

19 avenue Kleber (16ᵉ)
TEL. 01 58 12 67 30
www.peninsula.com/fr/
Ⓜ Kléber

🛖 ♿ A/C

knape/iStock

🍴
Cuisine moderne · *Tendance*

LE RIVE DROITE

Au deuxième étage de la Grande Épicerie, voici la troisième adresse du couple Beatriz Gonzalez - Matthieu Marcant, après Coretta et Neva. En cuisine, entourée d'une brigade majoritairement féminine (c'est assez rare pour être souligné), Beatriz assure une partition savoureuse, bien maîtrisée, au plus près des saisons.

Menu 25 € (déjeuner), 42 € –
Carte 40/50 €

80 rue de Passy (16e)
TEL. 01 44 14 38 70
www.restaurant-lerivedroite.com
Ⓜ La Muette

Fermé lundi soir, mardi soir, dimanche

♿ 🄰🄲 ⛶

17e

PALAIS DES CONGRÈS •
WAGRAM • TERNES •
BATIGNOLLES

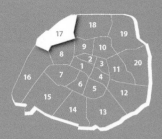

Menu 90 € (déjeuner),
185/225 € – Carte 153/223 €

20 rue Rennequin (17e)
TEL. 01 47 63 40 77
www.maisonrostang.com
Ⓜ Ternes

Fermé 5-20 août, lundi midi,
samedi midi, dimanche

❀ ❀
Cuisine classique • Élégant

MAISON ROSTANG

Entre Michel Rostang, le natif de Grenoble, «fils, petit-fils et arrière-petit-fils de grands cuisiniers», et Nicolas Beaumann, désormais chef de la maison depuis 8 ans, le passage de témoin s'est déroulé de la meilleure des façons. Il en fallait, du talent, pour succéder à un Rostang dont les plats signatures ont marqué des générations de gourmets – le foie gras chaud de canard rôti aux mandarines poêlées et le soufflé chaud au caramel beurre salé au sorbet de poires Williams.

On retrouve chez Nicolas Beaumann ce même souci du goût : tourteau au gingembre, crémeux de courgettes en impression de caviar ; noix de ris de veau croustillante, navets farcis et petits pois étuvés, crème d'écrevisses ; cigare croustillant au tabac Havane et mousseline Cognac... Quant au décor, luxueux et insolite, il séduit nouveaux venus comme habitués de la maison : salon Art nouveau, salon Lalique, salon ouvert sur le spectacle des fourneaux, collection d'œuvres d'art....

À LA CARTE...

Tourteau, caviar osciètre, crémeux de petits pois, radis et consommé en demi-gelée • Sole de petit bateau, crème de coquillages, cannelloni de spaghetti, royale de moule et gel citron • Cigare croustillant au havane, mousseline au cognac et glace marsala

Maison Rostang

Cuisine moderne • Élégant

AGAPÉ

Agapè... En Grèce ancienne, ce mot désignait l'amour inconditionnel de l'autre. Il désigne désormais l'alliance du bon, du brut, et du talent. La carte fait la fête aux produits de saison et de qualité, travaillés dans une veine classique, avec, ça et là, quelques jolies notes plus exotiques (quelques clins d'œil à l 'Asie, notamment). Même lorsqu'elle se débride – salade césar à base de ris de veau et écrevisses ! –, cette cuisine est toujours maîtrisée, canalisée, concentrée sur l'idée de donner du plaisir.

En salle, un décor minimaliste en teintes douces, pour ne se laisser distraire que par sa gourmandise. Et le talent se love partout ailleurs, dans le mariage réussi entre salle et cuisine ou les conseils avisés sur l'accord mets et vins (plus de 600 références). La carte mentionne la provenance des produits au garde-à-vous, triés sur le volet. Il ne reste alors qu'à se laisser bercer, par une jolie romance : celle de la finesse des saveurs, de la justesse des assaisonnements, de la précision des cuissons... Une valeur sûre.

Menu 52 € (déjeuner),
109/215 € – Carte 140/155 €

51 rue Jouffroy-D'Abbans (17ᵉ)
TEL. 01 42 27 20 18
www.agape-paris.fr
Ⓜ **Wagram**

Fermé samedi, dimanche

À LA CARTE...

Tartare de noix de veau, caviar et oignon grelot • Lotte de Saint-Gilles-Croix-de-Vie, pommes grenailles confites, tartare de bulots et beurre fumé • Pavlova aux fruits exotiques et crème glacée banane

Agapé

17ᵉ • PALAIS DES CONGRÈS • WAGRAM • TERNES • BATIGNOLLES

❀

Cuisine moderne • Cosy

FRÉDÉRIC SIMONIN

Menu 55 € (déjeuner),
105/155 € – Carte 120/140 €

25 rue Bayen (17ᵉ)
TEL. 01 45 74 74 74
www.fredericsimonin.com
Ⓜ **Ternes**

Fermé 4-26 août, lundi, dimanche

A/C

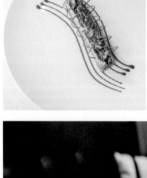

Le moins que l'on puisse dire de Frédéric Simonin, c'est qu'il a fait un beau parcours ! Ledoyen, le Meurice, Taillevent, le Seize au Seize, et enfin la Table de Joël Robuchon, où il a gagné ses derniers galons... Rien que des grands noms, à la suite desquels il vient aujourd'hui écrire le sien, non loin de la place des Ternes (pour les connaisseurs : en lieu et place du restaurant Bath's, qu'il a entièrement transformé). Moquette noir et blanc, banquettes de velours sombre, panneaux de verre, déclinaisons élégantes de formes géométriques...

Le design des lieux sied à la cuisine du chef, fine et pleine de justesse. Ne dédaignant pas les touches inventives et parfois japonisantes, il ose les associations originales. L'équation est subtile, maîtrisée... À découvrir à la carte ou à travers le beau menu dégustation. Voilà bel et bien une table raffinée !

À LA CARTE...

Chair de tourteau, gelée de tomate, onctuosité d'avocat et espuma à la coriandre • Veau normand cuit en cocotte, champignons et condiment d'ail noir • Soufflé chaud au caramel et glace au lait

Cuisine moderne • Contemporain

LA SCÈNE THÉLÈME

Au 18 de la rue Troyon, l'art – et, particulièrement, le théâtre – rejoint la gastronomie. D'ailleurs, le nom du restaurant est un hommage à la l'Abbaye de Thélème, une création utopique que l'on doit à Rabelais. On peut donc, dès 19h, assister à une représentation théâtrale (attention, 50 places seulement) avant d'aller ensuite s'attabler pour dîner. Riche idée, qui devrait trouver son public à Paris !

Le chef Julien Roucheteau signe une cuisine raffinée et visuelle, où l'ambition artistique n'empiète jamais sur la partition culinaire. Avec une affection particulière pour le piquant des agrumes : avis aux amateurs. Tout le personnel, du directeur de salle au sommelier, est du même tonneau : avec de tels acteurs, on ne peut passer qu'un moment mémorable... Allez, en scène.

Menu 49 € (déjeuner), 95/169 € – Carte 119/149 €

18 rue Troyon (17ᵉ)
TEL. 01 77 37 60 99
www.lascenetheleme.fr
Ⓜ Charles de Gaulle - Étoile

Fermé 29 juillet-18 août, lundi, samedi midi, dimanche

♿ A/C

À LA CARTE...

Transparence de langoustines aux effluves de feuilles de shiso • Croustillant de ris de veau doré au beurre, fricassée de courgettes d'Albenga au curcuma frais et nèfle • Rhubarbe des champs cuite au sucre et sorbet à la rhubarbe fermentée

Cuisine moderne • Convivial

COMME CHEZ MAMAN

Au cœur des Batignolles, près d'un square, un bistrot contemporain où l'on se sent... comme chez maman ! Le jeune chef belge, Wim Van Gorp (ancien apprenti chez Alain Ducasse, puis chef du Market de Jean-Georges Vongerichten) joue la carte des jolies recettes ménagères, dont certaines rendent de délicieux hommages à ses origines flamandes... C'est fin, savoureux, bien exécuté : un vrai plaisir. À noter qu'il propose aussi une sympathique «gastronomie de bar» dans sa deuxième adresse «Wim à Table», un peu plus loin dans la rue des Moines. Maman peut être fière !

À LA CARTE...

Terrine de cochon, pickles de légumes • Suprême de pintade rôti, pois gourmands, condiment poireaux au citron vert • Vacherin aux cerises de Gaillac

Menu 24 € (déjeuner), 37 € – Carte 40/65 €

5 rue des Moines (17ᵉ)
TEL. 01 42 28 89 53
www.comme-chez-maman.com
Ⓜ **Brochant**

Fermé 31 janvier-9 février, 12-21 août

Cuisine moderne • Convivial

L'ENVIE DU JOUR

Ouvertes sur la petite salle, les cuisines concentrent toute l'attention et le geste de la cuisinière Charlotte Gondor prime ! Un geste plein d'attentions et inspiré : les beaux produits sont bichonnés pour qu'ils avouent le meilleur d'eux-mêmes, et les assiettes révèlent force couleurs et parfums. Ainsi ce tataki d'onglet de bœuf ou le cabillaud et sa salade de pois cassés, dont la netteté de la présentation éveille la gourmandise, jusqu'à la variation de pamplemousse, et son biscuit moelleux aux amandes, gentiment déstructuré... le tout accompagné d'une petite sélection de vins bien choisis. On se régale.

À LA CARTE...

Tataki d'onglet de bœuf • Cabillaud, salade de pois cassés • Variation de pamplemousse, biscuit moelleux aux amandes

Menu 32/44 €

106 rue Nollet (17ᵉ)
TEL. 01 42 26 01 02
www.lenviedujour.com
Ⓜ **Brochant**

Fermé 5 août-1ᵉʳ septembre, lundi, dimanche soir

A/C

Cuisine flamande • Vintage

GRAINDORGE

Le climat de l'Étoile réussit plutôt bien à Bernard Broux, sans doute parce qu'il a su adapter au goût parisien ce qui fait le charme des auberges de son «Ch'Nord» natal ! Dans la salle d'esprit Art déco, on s'attable volontiers devant des bintjes farcies à la brandade de morue, un waterzoï de la mer aux crevettes grises d'Ostende ou encore l'incontournable lièvre à la flamande pendant la saison de la chasse... De généreuses recettes flamandes, qui confirment tout le sérieux et le savoir-faire de cet artisan d'expérience. Le tout se déguste avec de belles bières artisanales d'outre-Quiévrain (Angélus, Moinette Blonde), mais que les amateurs de vin se rassurent, ils trouveront aussi leur bonheur.

À LA CARTE...

Potjevlesch en terrine • Waterzoï de homard aux crevettes grises • Pain perdu de cramique caramélisé, crème glacée aux spéculos

**Menu 32 € (déjeuner), 37/55 € –
Carte 50/70 €**

15 rue de l'Arc-de-Triomphe (17ᵉ)
TEL. 01 47 54 00 28
www.le-graindorge.fr
Ⓜ Charles de Gaulle-Étoile

Fermé 1ᵉʳ-20 août, lundi midi, samedi midi, dimanche

Cuisine traditionnelle • Bistro

LE PETIT VERDOT DU 17ᵉᵐᵉ

Deux jeunes trentenaires se sont associés pour donner un coup de fouet à cette antique adresse du quartier des Ternes. Et le moins que l'on puisse dire, c'est que ça déménage ! Mettant à profit une expérience déjà riche – Vincent vient de l'Atelier de Joël Robuchon, Guillaume a fait ses classes au sein de tables étoilées en Bretagne –, ils déclinent ici une cuisine de bistrot généreuse et sincère, fraîche et goûteuse : escargots en raviole, bouillon de champignons, entrecôte Simmental et frites maison... On dévore ces plats sur de grosses tables rustiques, parmi les habitués : bref, en toute convivialité !

À LA CARTE...

Terrine de lapin, chutney d'oignons • Tartare de bœuf charolais • Riz au lait, confiture de lait

Carte 30/47 €

9 rue Fourcroy (17ᵉ)
TEL. 01 42 27 47 42
Ⓜ Ternes

Fermé 5-27 août, 23 décembre-2 janvier, samedi midi, dimanche

Cuisine traditionnelle • Bistro

LE BOUCHON ET L'ASSIETTE

Au déjeuner, l'ardoise du jour propose un joli panaché de petits plats gourmands. Le soir, place à des plaisirs plus subtils, autour d'une cuisine du marché avide de jolies saveurs. Quant à la carte des vins, elle met en avant d'intéressants petits producteurs. Rue Cardinet, le bouchon et l'assiette forment un couple épatant.

Menu 26 € (déjeuner) – Carte 40/65 €

127 rue Cardinet (17ᵉ)
TEL. 01 42 27 83 93
Ⓜ Malesherbes

Fermé 1ᵉʳ-6 janvier, 29 juillet-18 août, lundi, dimanche

Cuisine créative • Convivial

CAÏUS

Chaque saison, le chef particulièrement inventif de ce restaurant chic et feutré concocte une cuisine ludique et parfumée, rehaussée d'épices et de produits « oubliés ». La carte des vins est courte, mais de belle qualité.

Menu 45 €

6 rue d'Armaillé (17ᵉ)
TEL. 01 42 27 19 20
www.caius-restaurant.fr
Ⓜ Charles de Gaulle-Étoile

Fermé 1ᵉʳ-23 août, samedi, dimanche

Cuisine traditionnelle • Vintage

CAVES PÉTRISSANS

La famille Allemoz (dont le fils, Jean-Jacques, représente la 5e génération dans cette maison) perpétue la tradition avec entrain : terrine maison, tête de veau sauce ravigote, rognon de veau flambé à l'armagnac, baba au rhum ou île flottante comptent parmi les nombreux classiques bistrotiers présents à la carte. Une maison éminemment sympathique.

Menu 44 € – Carte 35/87 €

30bis avenue Niel (17ᵉ)
TEL. 01 42 27 52 03
info@cavespetrissans.fr
Ⓜ Pereire

Fermé 29 juillet-25 août, samedi, dimanche

Poissons et fruits de mer • Chic

DESSIRIER PAR ROSTANG PÈRE ET FILLES

Contemporain, arty et chic : tel est le Dessirier, navire amiral de la famille Rostang. Le restaurant attache une importance capitale à la sélection de poissons : bouillabaisse et sole meunière font partie des incontournables du lieu...

Menu 57/80 € – Carte 63/129 €

9 place du Maréchal-Juin (17ᵉ)
TEL. 01 42 27 82 14
www.restaurantdessirier.com
Ⓜ Pereire

🍴 Cuisine moderne • Bistro

GARE AU GORILLE

Marc Cordonnier a maintenant fait sa place aux Batignolles. Il sait travailler les produits sans jamais les dénaturer et décline une cuisine franche et originale, sans chichi, qui préfère la personnalité à la posture. Quant à son acolyte, Louis Langevin, il conseille avec bienveillance un beau panel de vins nature.

Menu 29 € (déjeuner), 39 € –
Carte 35/55 €

68 rue des Dames (17ᵉ)
TEL. 01 42 94 24 02
www.gareaugorille.fr
Ⓜ Rome

Fermé 3-27 août, 22 décembre-2 janvier,
samedi, dimanche

═══════════

🍴 Cuisine traditionnelle • Contemporain

JACQUES FAUSSAT

Dans un quartier tranquille, ce restaurant chaleureux et confortable, récemment rénové dans un style contemporain, propose une carte évoluant au gré du marché et selon l'inspiration du chef, gersois d'origine et homme attachant, qui associe savoir-faire traditionnel et registre actuel. Clients de passage et habitués en sortent ravis. Bon rapport qualité-prix.

Menu 42 € (déjeuner), 48/160 € – Carte 74/102 €

54 rue Cardinet (17ᵉ)
TEL. 01 47 63 40 37
www.jacquesfaussat.com
Ⓜ Malesherbes

Fermé 28 juillet-28 août, 24 décembre-
1ᵉʳ janvier, samedi, dimanche

🎴 A/C 🍽 🥢

🍴 Cuisine moderne • Bistro

PAPILLON

Tel Papillon, échappé du bagne de Cayenne, Christophe Saintagne a accompli sa mue en s'installant à son compte après avoir dirigé les cuisines du Plaza Athénée, puis du Meurice. Épanoui dans son élégant néo-bistrot, il signe une cuisine racée, qui privilégie toujours le goût et l'équilibre. Un conseil d'ami : réservez !

Menu 36 € (déjeuner), 75 € –
Carte 52/76 €

8 rue Meissonier (17ᵉ)
TEL. 01 56 79 81 88
www.papillonparis.fr
Ⓜ Wagram

Fermé 27 juillet-26 août,
22 décembre-2 janvier, samedi, dimanche

♿ A/C

═══════════

🍴 Poissons et fruits de mer • Chic

RECH

Cette institution née en 1925, toujours élégante avec son décor repensé dans un esprit épuré (murs blancs, miroirs, sol en mosaïque) fera le bonheur des amateurs de saveurs iodées, à l'instar de cette sole épaisse dorée au beurre demi-sel, pommes de terre de Noirmoutier.

Menu 44 € (déjeuner), 80 € – Carte 60/90 €

62 avenue des Ternes (17ᵉ)
TEL. 01 45 72 29 47
www.restaurant-rech.fr
Ⓜ Ternes

Fermé 28 juillet-20 août,
23 décembre-2 janvier, lundi, dimanche

🎴 A/C 🥢

Cuisine italienne •
Romantique

SORMANI

Tissus tendus, lustres en verre de Murano, moulures et miroirs : toute l'élégance de l'Italie s'exprime dans ce restaurant chic et feutré. La cuisine rend un hommage subtil aux spécialités transalpines, avec une appétence particulière, en saison, pour la truffe.

Carte 70/140 €

4 rue du Général-Lanrezac (17ᵉ)
TEL. 01 43 80 13 91
www.restaurantsormani.fr
Ⓜ **Charles de Gaulle-Étoile**

Fermé 5-25 août, samedi, dimanche

golero/iStock

18e

MONTMARTRE • PIGALLE

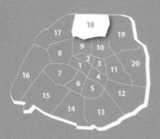

Menu 49 € (déjeuner), 66/105 €

39 rue Lamarck (18e)
TEL. 01 46 06 86 00
www.restaurantlarcane.com
Ⓜ Lamarck Caulaincourt

Fermé 30 juillet-26 août, lundi,
mardi midi, dimanche

✿

Cuisine moderne · Cosy

L'ARCANE

L'arcane (du latin arcanum : chose cachée) est une opération mystérieuse, dont le secret de doit être connu que des seuls initiés. Essayons tout de même de percer les mystères de ce restaurant spacieux et confortable, mené par un jeune couple. Le chef, au joli parcours, a le chic pour revisiter la tradition à sa sauce, et il faut bien dire que les bonnes surprises pleuvent tout au long du repas, sous la forme d'un menu «carte blanche» ou «surprise» en trois, quatre ou cinq plats. Côté cadre, murs blancs, chaises et banquettes marron, et luminaires modernes. Bref, tout cela fait une adresse qui monte, qui monte, et qui séduit déjà au-delà de la butte Montmartre...

À LA CARTE...
Cuisine du marché

❀

Cuisine créative · Épuré

KEN KAWASAKI

Vous êtes invités à venir célébrer ici un beau mariage : celui des cuisines japonaise et française ! Au pied de la butte Montmartre, le chef nippon Ken Kawasaki (qui officie à Hiroshima) a réuni une équipe de choc et propose des petites assiettes éminemment graphiques, savoureuses et originales, élaborées au gré du marché ; les menus sont directement inspirés des menus *kaiseki* très populaires au Japon. Derrière un petit comptoir en bois clair, les chefs composent ces mets sous vos yeux, dans la plus pure tradition japonaise. On retrouve notamment toute l'année la spécialité de la maison : un délicat filet de bœuf au sel d'algues et wasabi... Vous nous en direz des nouvelles !

À LA CARTE...
Cuisine du marché

Menu 45 € (déjeuner), 70 €

15 rue Caulaincourt (18ᵉ)
TEL. 09 70 95 98 32
www.restaurantkenkawasaki.fr
Ⓜ **Blanche**

Fermé 25 décembre-1ᵉʳ janvier, mercredi midi, jeudi midi, dimanche

✿

Cuisine moderne • Élégant

LA TABLE D'EUGÈNE

Menu 45 € (déjeuner), 99/130 €

18 rue Eugène-Süe (18ᵉ)
TEL. 01 42 55 61 64
www.latabledeugene.com
Ⓜ Jules Joffrin

Fermé 21-29 avril, 4-26 août,
22 décembre-7 janvier, lundi,
dimanche

L'enseigne sonne comme un slogan bobo, mais fait en réalité référence à Eugène Sue, l'auteur des *Mystères de Paris*, et au nom de la rue ! Non loin de la mairie du 18ᵉ, l'adresse compte dorénavant parmi les meilleures tables de la capitale, par la grâce de son chef, Geoffroy Maillard. À force de travail, sa cuisine est montée régulièrement en puissance au fil des ans, comme en témoignent ces créations très personnelles dans lesquelles il magnifie des produits «coup de cœur» : artichaut poivrade barigoule ; pintade rôtie pâtisson ; jusqu'au sucré, avec ce sablé orange sanguine et crème légère... Couleurs et parfums, finesse et précision : chaque plat porte la patte du chef et son envie de régaler ses convives.

Un mot aussi pour l'intérieur, moderne et épuré, avec de grands tableaux contemporains et des tables en bois clair, dans lequel on se sent parfaitement à l'aise. Une table qui attire, à juste titre, nombre d'aficionados : la réservation est impérative !

À LA CARTE...
Cuisine du marché

Olivier Decker/Michelin

Cuisine moderne • Bistro

L'ESQUISSE

Deux jeunes passionnés se sont associés pour créer ici ce bistrot vintage et accueillant : parquet massif, chaises Tolix et banquettes en bois... Laetitia, en cuisine, réalise des assiettes graphiques et sans chichis, en s'attachant surtout à mettre en valeur la qualité des produits utilisés. Cuissons impeccables, assaisonnements contrastés : elle montre qu'elle maîtrise bien son sujet. Pendant ce temps, Thomas assure en salle un service chaleureux et efficace, et ne manque pas de bons conseils en matière de sélection de vins – surtout naturels. Sa passion est communicative : on passe un excellent moment.

À LA CARTE...

Carpaccio de poivrons, œuf au soja et oxalys • Moussaka de queue de bœuf à la marjolaine • Pêche pochée au thé, shiso et crème de sésame noir

Menu 23 € (déjeuner) – Carte 34/46 €

151 bis rue Marcadet (18ᵉ)
TEL. 01 53 41 63 04
Ⓜ Lamarck-Caulaincourt

Fermé 4-19 août, 29 décembre-7 janvier, lundi, dimanche

Cuisine grecque • Taverne

ETSI

La façade, d'un bleu intense, courtise le regard. C'est l'histoire d'une jeune chef, d'origine grecque, revenue à la cuisine de son enfance après un apprentissage dans des maisons reconnues (Michel Rostang, Cyril Lignac). Ici, elle propose des mezze, percutants de fraîcheur et ponctués d'audaces, à l'instar de l'utilisation des condiments. Son père, qui habite toujours au pays, lui envoie des ingrédients, introuvables ailleurs ! Parmi les spécialités, on se régale des croquettes du moment, le dakos (pain tomates, olives et fromage frais), le feuilleté d'agneau confit... sans oublier la feta Saganaki ! Un coup de cœur.

À LA CARTE...

Tiropitakia (feuilletés à la feta et menthe) • Poulpe grillé, purée de fèves et câpres • Focaccia maison, pastourma et légumes croquants

Carte 25/35 €

23 rue Eugène-Carrière (18ᵉ)
TEL. 01 71 50 00 80
www.etsi-paris.fr
Ⓜ Place de Clichy

Fermé 5-19 mai, lundi, mercredi midi, jeudi midi, vendredi midi, dimanche soir

Michelin

Cuisine traditionnelle •
Contemporain

LE RÉCIPROQUE

Ce restaurant, ouvert en 2016 à proximité de la mairie du 18ᵉ, est une vraie aubaine pour les gourmets du quartier. On le doit à deux jeunes associés au beau parcours professionnel, Sylvain Gaudon et Adrien Eggenschwiler. Le premier, en cuisine, se fend de recettes traditionnelles sagement revisitées, qui se révèlent à la fois savoureuses et bien maîtrisées ; quant au second, il assure en salle un service vivant et courtois, et ne manque jamais de bons conseils pour la clientèle. Tout cela se déroule dans une petite salle moderne, dans un esprit de bistrot du 21ᵉ s., où l'on se sent parfaitement à l'aise.

À LA CARTE...

Crème de champignons de Paris, œuf parfait et poêlée forestière • Lieu jaune confit, ratatouille et émulsion de légumes safranés • Tartelette caramel/gianduja, glace caramel

Menu 23 € (déjeuner), 37/54 €

14 rue Ferdinand-Flocon (18ᵉ)
TEL. 09 86 37 80 77
www.lereciproque.com
Ⓜ Jules Joffrin

Fermé 15 juillet-5 août, 23 décembre-1ᵉʳ janvier, lundi, dimanche

---

🍴◯
Cuisine traditionnelle •
Élégant

LE COQ RICO

Cocorico ! La volaille française a trouvé son ambassade à Paris, en cette adresse chic et discrète créée par le fameux chef strasbourgeois, Antoine Westermann. Poulet fermier de Challans, géline de Touraine, volaille de Bresse, etc. Les pièces sont rôties avec art et dégagent de succulents parfums. Les amateurs sont comblés.

Menu 27 € (déjeuner) – Carte 50/90 €

98 rue Lepic (18ᵉ)
TEL. 01 42 59 82 89
www.lecoqrico.com
Ⓜ Lamarck Caulaincourt

A/C 🍷

🍴◯
Cuisine du marché •
Contemporain

MOKKO Ⓝ

Formé sur le tard, Arthur Hantz ne nourrit pas le moindre complexe et tient au pied de la butte Montmartre une table qui va droit au cœur. Dans l'assiette, il applique une méthode diablement efficace : pas plus de trois ou quatre ingrédients par plat. Il fait la différence avec des jeux intéressants sur les textures et les saveurs. C'est coloré, ça pétille : on aime !

Menu 39 € – Carte 30/45 €

3 rue Francoeur (18ᵉ)
TEL. 09 80 96 93 60
www.mokko-restaurant.com
Ⓜ Métro Lamarck-Caulaincourt

Fermé lundi, samedi midi, dimanche

Fusion • Convivial

SIGNATURE
MONTMARTRE

Belle découverte que ce restaurant de poche, où deux jeunes chefs coréens réalisent avec brio une cuisine franco-coréenne subtile et contrastée. Couteaux vapeur à l'émulsion d'oseille et curry vert, gnocchis aux coques et moules... Maîtrise et gourmandise : on ne demande pas mieux.

Menu 40 €

12 rue des Trois-Frères (18e)
TEL. 01 84 25 30 00
www.signature-montmartre.fr

Fermé lundi, mardi, mercredi midi, jeudi midi, vendredi midi, samedi midi, dimanche midi

---

Cuisine moderne • Branché

LA TRAVERSÉE

Dans le 18e, on parle beaucoup de ce « bar d'amis » installé entre les rues Ramey et Clignancourt... et c'est mérité ! Au programme : plats émoustillants et soigneusement présentés, pleins de saveurs et de parfums, arrosés d'une belle sélection de vins bio et naturels... le tout dans un décor « loft urbain » bien dans son époque. Irrésistible.

Menu 20 € (déjeuner), 24 € –
Carte 30/45 €

2 rue Ramey (18e)
TEL. 09 54 86 79 95
www.latraverseeparis.com
Ⓜ Métro Château Rouge

Fermé lundi midi, dimanche midi

A/C

Suchan/iStock

19ᵉ & 20ᵉ

LA VILLETTE •
BUTTES CHAUMONT •
GAMBETTA •
BELLEVILLE

Cuisine traditionnelle • Bistro

LES CANAILLES MÉNILMONTANT

En plein cœur de Ménilmuche, juste au-dessus du boulevard, deux associés ont pris place derrière cette façade colorée qui abritait auparavant le Bistrot Blanc Bec. L'objectif des deux larrons : faire aussi bien ici qu'à Pigalle, où est situé leur premier restaurant. Ils peuvent s'appuyer sur une formule éprouvée, hyper-efficace : de la belle tradition à tous les étages, une cusine… canaille, bien sûr, travaillée avec amour et savoureuse. L'intérieur, engageant et coquet, ajoute encore à ce moment de plaisir, tout comme le service compétent et efficace. Venez vous encanailler !

À LA CARTE...
Ravioles de ricotta et artichauts, chorizo ibérique • Quasi de veau rôti au thym, shiitaké et céleri • Baba au rhum, chantilly citron vert

Menu 19 € (déjeuner), 35/42 € – Carte 47/51 €

15 rue des Panoyaux (20ᵉ)
TEL. 01 43 58 45 45
www.restaurantlescanailles.fr
Ⓜ Ménilmontant

Fermé 5-27 août, samedi, dimanche

Cuisine moderne • Convivial

LE DESNOYEZ

Au cœur de Belleville, dans une rue connue pour son «street art», où graphs et tags d'artistes habillent les murs, ce restaurant de poche d'une vingtaine de couverts mise sur la qualité, plutôt que la quantité : une demi-douzaine de tables en bois clair, un étroit comptoir, et dans l'assiette, une épatante carte, pleine de fraîcheur et de saveurs, élaborée au gré du marché par un chef-patron inspiré. Œufs mayo avec poutargue et herbes aromatiques, onglet de bœuf de l'Aubrac, piquillos… Une très bonne adresse (qui n'a, précisons-le au cas où, rien à voir avec un certain boucher de renom).

À LA CARTE...
Cuisine du marché

Carte 29/40 €

3 rue Dénoyez (20ᵉ)
TEL. 06 61 19 18 31
Ⓜ Belleville

Fermé 1ᵉʳ-22 août, mardi

Les Canailles Ménilmontant

Cuisine moderne • Bistro

LE JOURDAIN

Vieux parquets, mobilier patiné, luminaires d'inspiration *fifties* : aucun doute, voilà le bistrot contemporain dans toute sa splendeur. À midi, l'ardoise promet de belles saveurs du marché, avec un menu déjeuner à prix modiques ; le soir, changement d'ambiance culinaire avec une sélection de petites assiettes façon tapas, à dominante marine, qui font fureur : piquillos farcis de brandade de morue ; bonite marinée au guacamole ; tataki de saumon aux jeunes légumes, etc. Dans une ambiance conviviale, on s'attarde volontiers et l'on se réjouit, en partant, des prix doux.

À LA CARTE...

Maquereau, caviar d'aubergines • Supions grillés, artichauts et piquillos • Pannacotta à l'origan, coulis de pêches

Menu 18 € (déjeuner) – Carte 30/55 €

101 rue des Couronnes (20ᵉ)
TEL. 01 43 66 29 10
www.lejourdain.fr
Ⓜ **Jourdain**

Fermé 1ᵉʳ-20 août, lundi, dimanche

Cuisine moderne • Convivial

MENSAE

Une cuisine de l'instant, pleine de fraîcheur, pour ce bistrot du 19ᵉ arrondissement, qui bénéficie des conseils avisés de Thibault Sombardier (ex-Top Chef, aujourd'hui chef du restaurant Antoine, dans le 16ᵉ). Les saveurs tombent juste et les plats à partager, comme les tapas provoqueraient des émeutes – poulpes de Galice, planche de charcuterie lyonnaise, turbot entier rôti, côte de veau, bœuf maturé 60 jours... La populaire mousse au chocolat pralinée est proposée toute l'année. On se régale d'autant que l'ambiance, en cuisine et en salle, est ultra-conviviale, et que le décor a le bon goût de se faire discret. Petite terrasse trottoir bienvenue en été.

À LA CARTE...

Tagliatelles de seiche, olives noires et câpres • Quasi de veau rôti, crème d'anchois fumé • Mousse chocolat-praliné

Menu 36 € – Carte 36/50 €

23 rue Melingue (19ᵉ)
TEL. 01 53 19 80 98
www.mensae-restaurant.com
Ⓜ **Pyrénées**

Fermé 12 août-2 septembre, lundi, dimanche

A/C

🍴○

Cuisine traditionnelle • Bistro

LE BARATIN

La chef argentine Raquel Carena a pour ainsi dire inventé la bistronomie, et nombre de jeunes chefs reconnaissent son héritage. L'occasion de revenir aux sources de la gourmandise. L'ardoise est plaisante à lire, les prix sont sages et les vins séduisants. Réservation fort conseillée.

Menu 19 € (déjeuner) – Carte 38/48 €

3 rue Jouye-Rouve (20ᵉ)
TEL. 01 43 49 39 70
Ⓜ Pyrénées

Fermé 2-15 février, 1ᵉʳ-8 mai, 1ᵉʳ-30 septembre, lundi, samedi midi, dimanche

───────

🍴○

Cuisine créative • Bistro

DILIA

À l'ombre de l'église Notre-Dame-de-la-Croix, œuvre un jeune chef italien aux solides références. Ses assiettes sont parsemées de touches transalpines ; il y dévoile de jolies associations de saveurs (gnocchis à la betterave, huître et raifort) et fait preuve d'une inventivité réjouissante.

Menu 21 € (déjeuner), 48/77 €

1 rue d'Eupatoria (20ᵉ)
TEL. 09 53 56 24 14
www.dilia.fr
Ⓜ Ménilmontant

Fermé 1ᵉʳ-9 janvier, lundi midi, mardi, mercredi

L. Real/age fotostock

... ET AUTOUR DE PARIS

- Les Étoiles... 246
- Bib gourmand & Assiettes............... 259

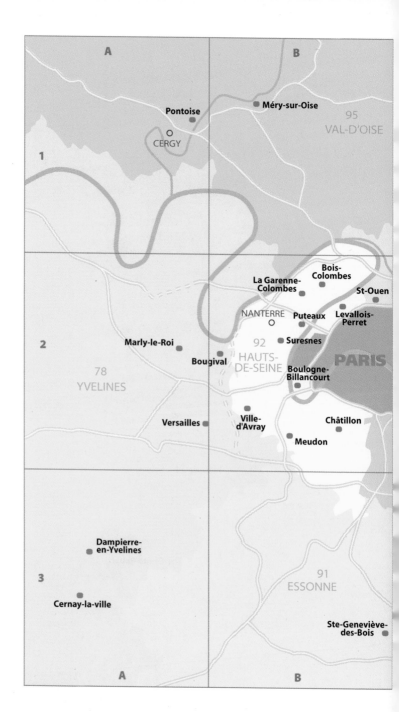

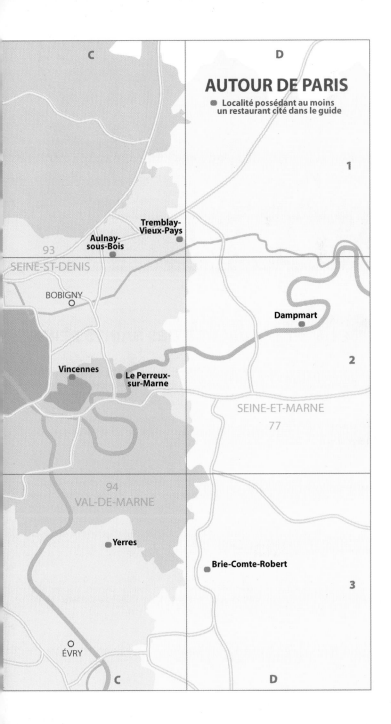

AUTOUR DE PARIS

● Localité possédant au moins un restaurant cité dans le guide

C   **D**

1

Tremblay-Vieux-Pays

Aulnay-sous-Bois

93
SEINE-ST-DENIS

BOBIGNY ○

Dampmart

2

Vincennes

Le Perreux-sur-Marne

SEINE-ET-MARNE
77

94
VAL-DE-MARNE

Yerres

Brie-Comte-Robert

3

○ ÉVRY

C   **D**

Menu 32 € (déjeuner), 44/76 €

AULNAY-SOUS-BOIS

PLAN : C1
212 avenue Nonneville
✉ **93600**
TEL. 01 48 66 62 11
www.auberge-des-saints-peres.fr

**Fermé 5-25 août, lundi midi,
mercredi soir, samedi midi,
dimanche**

❀

Cuisine créative • Élégant

AUBERGE DES SAINTS PÈRES

Il faut reconnaître au chef de cette Auberge des Saints Pères un incontestable mérite : celui de la régularité ! Il continue, année après année, à proposer une cuisine créative et sophistiquée, à grand renfort de techniques complexes et de mariages de saveurs inattendus... sans oublier un usage astucieux des herbes et des épices. Huîtres sur une brunoise de fruits acidulés, crème froide de cocos de Paimpol ; échine de marcassin saupoudrée de genièvre, céleri et soupe à l'oignon... L'originalité de cette cuisine, associée à une maîtrise des fondamentaux (cuissons, assaisonnements) explique sans doute la bonne cote locale de l'établissement dans les environs. L'épouse du chef assure efficacement l'accueil et le service ; le décor, dans des teintes chocolat assez épurées, se révèle plaisant.

À LA CARTE...

Tartare de dorade et melon, épaule ibérique et gel de concombre menthe-citron • Poitrine de veau mijotée, soubressade, poivrade et grenaille • Crumble spéculos et framboise

Auberge des Saints Pères

Cuisine moderne • Élégant

LE CAMÉLIA

Les plus anciens (ou les hommes de goût) s'en souviennent : le Camélia était l'ancien restaurant de l'illustre cuisinier Jean Delaveyne, pionnier de la nouvelle cuisine et mentor (entre autres) de Michel Guérard, Joël Robuchon, Jacques Chibois... En retrait de la Seine, cette auberge à l'avenante façade moderne a récemment été transformée dans l'esprit d'un bistrot chic et feutré, avec cuisines ouvertes sur la salle : une métamorphose réussie. On apprécie d'autant mieux l'œuvre du chef : des recettes inventives, suaves et délicates, réalisées au gré du marché. Ainsi cette tomate et truffe, explosant de saveurs, ou ce beau tronçon de filet de turbot, pour finir sur un clafoutis cerise, dessert de l'enfance. Le lieu est raffiné, la cuisine hume l'air du temps, le service est jeune et aimable. Une adresse définitivement sympathique, qui ne s'est pas laissée dévorer par sa prestigieuse histoire.

Menu 32 € (déjeuner), 49/82 € – Carte 100/130 €

BOUGIVAL

PLAN : B2
7 Quai Georges Clemenceau
✉ **78380**
TEL. 01 39 18 36 06
www.lecamelia.com

Fermé lundi, dimanche

À LA CARTE...
Salade de homard aux fruits de saison • Sole rôtie au jus d'herbes • Millefeuille aux fruits de saison

Le Camélia

Cuisine moderne • Contemporain

JEAN CHAUVEL

Jean Chauvel a longtemps officié aux Magnolias, à Perreux, avant d'installer ces fourneaux sur ce grand boulevard de Boulogne-Billancourt. Il faut traverser sa première adresse, le 3B, pour découvrir au fond cet espace élégant et épuré (bois et cuir, beige et blanc), dédié à ses créations gastronomiques. Force est de constater qu'il n'a pas perdu la main, loin de là. Il surprend et régale au fil de menus surprise bien menés, pleins de créativité et de technique, avec un travail poussé sur le végétal ; l'harmonie est au rendez-vous, et notre plaisir aussi. Voilà qui ne risque pas de désespérer Billancourt... bien au contraire !

À LA CARTE...
Cuisine du marché

Menu 76/106 €

BOULOGNE-BILLANCOURT

PLAN : B2
33 avenue Général-Leclerc
✉ **92100**
TEL. 01 55 60 79 95
www.jeanchauvel.fr
Ⓜ **Billancourt**

Fermé lundi, dimanche

🕸 ♿ 🅰🅲 ⬨

Cuisine moderne • Auberge

LA TABLE DES BLOT - AUBERGE DU CHÂTEAU

Cette belle et élégante auberge du 17e s. a conservé sa salle opulente, ses poutres rustiques et sa cheminée, et en dépit des touches modernes, on reconnaît ici la douce langueur bourgeoise, synonyme de bien-être des appétits. A l'aise dans cet univers qui donne des gages au temps qui passe, le talent du chef et les saisons rythment la créativité des recettes. Prenons l'excellente tranche de terrine de lapin, travaillée à l'ancienne, ou le beau et épais filet de turbot : nous sommes en présence d'un homme qui aime son métier. Et le dessert, variation en trois préparations autour du chocolat, confirme l'intuition. Le service, très professionnel, valorise cette partition maîtrisée, exécutée par un chef exigeant et passionné. C'est coloré, parfumé, plein de saveurs. L'accueil chaleureux invite à prolonger l'étape - on peut en effet réserver une jolie chambre façon maison de campagne.

Menu 50/80 € – Carte 66/80 €

DAMPIERRE-
EN-YVELINES

PLAN : A3
1 Grande-Rue
✉ **78720**
TEL. 01 30 47 56 56
www.latabledesblot.com

Fermé 15-31 août, 20-30 décembre, lundi, mardi, dimanche soir

 ♿ 🄰🄲 🛗

À LA CARTE...

Homard décortiqué et fumé à la livèche • Ris de veau doré au sautoir • Soufflé au chocolat mi-cuit et glacé

Menu 39 € (déjeuner),
59/115 € – Carte 80/100 €

DAMPMART

PLAN : D2

7 rue de l'Abreuvoir

✉ **77400**

TEL. 01 64 44 44 80

**www.hotel-restaurant-
lequincangrogne.fr**

Fermé 1er-11 janvier, 1er-9 mai,
27 juillet-22 août, lundi, mardi,
dimanche soir

Cuisine moderne • Convivial

LE QUINCANGROGNE

En bord de Marne, cette ancienne maison de retraite
a été transformée en un hôtel-restaurant accueillant.
En cuisine, on trouve Franck Charpentier, chef au parcours solide – plusieurs tables étoilées au sein d'hôtels
de luxe, notamment. En bon amoureux des goûts authentiques, il régale sa clientèle avec une carte simple,
axée sur des produits régionaux de grande qualité.
Finesse et précision des agencements de saveurs, visuels précis et bien travaillés : on se régale d'un bout
à l'autre du repas. En saison, on profite même de la
belle terrasse avec sa vue sur la rivière toute proche...
Une étape de choix.

À LA CARTE...

Œuf parfait de Dampmart • Cochon fumé au foin • Sablé gingembre, crème brûlée à la rose de Provins et sorbet coqueli-
cot de Nemours

⊛
Cuisine moderne • Intime

LE VILLAGE

Ces diables de chefs japonais sont partout... et c'est tant mieux ! Prenez cette jolie auberge, sise dans une ruelle pittoresque du vieux Marly. Quoi de plus français que l'avenante façade aux tons bleu canard, puis, passé la porte, la plaisante petite salle intimiste aux tons rouge carmin, décorée de tableaux et de photos de plats ? Pourtant, en cuisine, on parle japonais. Le chef signe des préparations très maîtrisées, riches de jolis accords, de textures et de saveurs ; pareil à Jésus, il se plaît même à multiplier les petits pains – là-dessus, nous vous laissons la surprise. À Marly, la France inspire l'Asie, à moins que ce ne soit le contraire... Laissez votre palais décider.

À LA CARTE...
Goï cuôn de homard breton et foie gras en terrine au vieux calvados • Pigeonneau d'Anjou en croûte de gros sel de Guérande aromatisé • Soufflé chaud au yuzu légèrement poivré, sorbet yaourt au shiso

Menu 50/110 € – Carte 138/240 €

MARLY-LE-ROI

PLAN : A2
3 Grande-Rue
✉ **78160**
TEL. 01 39 16 28 14
www.restaurant-levillage.fr

Fermé 5 août-19 septembre, lundi, samedi midi, dimanche soir

A/C

Le Village • Hori Tomoaki/Le Village

Menu 67/79 €

MÉRY-SUR-OISE

PLAN : B1
3 rue de l'Oise
✉ 95540
TEL. 01 30 36 40 23
www.lechiquito.fr

Fermé 11-26 août, lundi, dimanche

Cuisine classique • Élégant

LE CHIQUITO

Quelle histoire, ce Chiquito ! Saviez-vous qu'il s'agit d'un ancien bar-tabac et épicerie de village, transformé en restaurant en 1969 ? Difficile de se figurer cette parenthèse passée tant le cadre de cette maison francilienne du 17ᵉ s., élégant et plein de cachet, l'enfilade de salles bourgeoises, l'accueil, des plus prévenants, évoquent immédiatement une certaine idée de l'élégance bourgeoise. Et que dire de la cuisine d'Alain Mihura, passé chez de grands chefs étoilés, sinon qu'elle honore le plus beau classicisme, par sa précision et la finesse de ses saveurs ? Ses spécialités font claquer les langues de plaisir : cuisses de grenouilles au jus de persil, ris de veau au beurre mousseux et Paris-brest... Quelque chose d'éternel au pays de la gourmandise. La belle carte des vins, avec plus de 250 références, conforte ce charmant tableau. Une demeure tout en délicatesse, vivement recommandable.

À LA CARTE...

Tête de veau laquée, médaillons de crevettes sauvages et gribiche d'avocat • Ris de veau braisé au beurre mousseux • Paris-brest

Le Chiquito

Cuisine moderne • Bourgeois

L'ESCARBILLE

Contre les voies de chemin de fer, cette maison bourgeoise (ancien buffet de la gare) est devenu un restaurant gourmet, à l'atmosphère chic et contemporaine, décoré de photos et tableaux. On déguste ici les recettes d'un chef expérimenté (également patron de l'Angélique, à Versailles), secondé par une équipe de confiance. En cuisine, le produit a le beau rôle, préparé et assaisonné avec justesse ; on accompagne ces douceurs de vins de petits producteurs sélectionnés avec minutie (et présentés sur i-pad). À noter que l'on peut également prendre son repas sur la terrasse, et profiter d'un service de voiturier. Une attachante Escarbille.

À LA CARTE...

Salade de lentilles du Puy et foie gras fumé • Turbot rôti, endives caramélisées et crème légère à la citronnelle • Soufflé au Cointreau

Menu 42 € (déjeuner), 61/81 €

MEUDON

PLAN : B2
8 rue de Vélizy
✉ **92190**
TEL. 01 45 34 12 03
www.lescarbille.fr

Fermé 28 avril-8 mai, 4-28 août, 22 décembre-2 janvier, lundi, dimanche

Cuisine moderne • Cosy

L'OR Q'IDÉE

Entre autres faits d'armes, elle est passée par le Bristol, à Paris, et a remporté la saison 2013 de l'émission Top Chef... Bref, le talent et le caractère de Naoëlle d'Hainaut ne sont plus un secret pour personne. Elle a choisi cette petite rue du centre-ville de Pontoise pour y ouvrir son premier restaurant. Résultat : une réussite incontestable, osmose parfaite entre le service, le décor (salle élégante, cave vitrée, cuisine ouverte, jolie terrasse), l'ambiance détendue... et bien sûr le travail de la jeune femme, qui régale avec des assiettes savoureuses et pile dans l'air du temps. C'est bien ficelé, techniquement solide, avec des visuels appétissants et des saveurs franches : on en redemande.

À LA CARTE...

Carpaccio de Saint-Jacques, céleri branche, crème de yuzu et vinaigrette au curry madras • Pigeon rôti et laqué au miel de fleurs sauvages, purée de céleri et châtaigne • Les fraises de mon enfance

Menu 37 € (déjeuner), 69 € –
Carte 58/66 €

PONTOISE

PLAN : A1
14 rue Marcel-Rousier
✉ **95000**
TEL. 01 34 35 47 10
www.lorqidee.fr

Fermé 25 février-10 mars,
5-25 août, lundi, mardi soir, samedi
midi, dimanche

Michelin

Menu 148/199 € –
Carte 145/182 €

VERSAILLES

PLAN : A2
1 boulevard de la Reine
✉ **78000**
TEL. 01 30 84 50 18
www.trianonpalace.fr

**Fermé 1er-22 janvier, 28 avril-1er mai,
5-8 mai, 28 juillet-27 août, lundi,
mardi midi, mercredi midi, jeudi
midi, vendredi midi, samedi midi,
dimanche**

🅿

🕸

Cuisine créative • Élégant

GORDON RAMSAY
AU TRIANON

Inauguré en 1910 à la lisière du parc du château, l'hôtel Trianon Palace impose sa silhouette autoritaire aux promeneurs qui s'en approchent. Un lieu tout indiqué pour accueillir le travail – et le caractère bien trempé ! – de Gordon Ramsay, déjà triplement étoilé à Londres. Le chef écossais supervise la mise à jour régulière de la carte – mise en œuvre au quotidien par le chef Frédéric Larquemin –, qui célèbre de beaux produits et joue principalement sur la simplicité et la pertinence des recettes. Une créativité bien maîtrisée, de jolies saveurs... on passe un très agréable moment en ces lieux, d'autant que le cadre n'est pas en reste : une élégante et lumineuse salle à manger baroque, dont les baies vitrées donnent directement sur le parc...

À LA CARTE...

Les bouchées de la reine • Turbot sauvage français, palourdes et lentilles beluga du Perche • Millefeuille croquant aux deux vanilles

Menu 45 € (déjeuner), 80/100 €

VERSAILLES

PLAN : A2
8 rue de la Chancellerie
(dans la Cour des Senteurs)
✉ **78000**
TEL. 09 83 34 76 00
www.latabledu11.com

**Fermé 24 février-11 mars,
28 juillet-26 août, lundi, dimanche**

Cuisine moderne • Contemporain

LA TABLE DU 11

Difficile de réprimer son enthousiasme en évoquant le travail de Jean-Baptiste Lavergne-Morazzani, le jeune chef de cette Table du 11. Après l'obtention de l'étoile en 2016, il a redoublé d'efforts, avec le soutien d'une équipe soudée et efficace, pour convertir toujours plus de gourmands dans cette ville où les bonnes tables ne manquent pas. Son credo : le naturel, à tous points de vue. Une carte courte et sans fioritures, un menu unique qui évolue tous les quinze jours, une attention particulière aux saisons... et, dans l'assiette, une sélection de produits vraiment nature : bio en général, issus de la pêche et de l'élevage durables, etc. Et, pour ne rien gâcher, le restaurant a pris ses quartiers dans l'intemporelle Cour des Senteurs, tout près du Château : voilà qui ajoute à l'exclusivité du moment...

À LA CARTE...

Haricots verts et lard de Colonnata • Thon rouge, chou-rave et dashi • Sésame noir et lait ribot

La Table du 11

 Cuisine créative • Élégant

LE COROT

Une salle bourgeoise intimiste et feutrée, parée de belles reproductions du peintre Corot – qui immortalisa les étangs voisins –, et dont la rotonde donne sur un splendide jardin... Tout, ici, est propice à un moment de douceur et de contemplation. On apprécie tout particulièrement la cuisine du jeune chef, excellent technicien, dont les assiettes frappent par leur fraîcheur, leur légèreté et leur esthétisme. De ces champignons, agastache et ballotine de pintade, à cette aiguillette de saint-pierre poêlée, chlorophylle de coriandre et artichauts, on passe un délicieux moment en compagnie de cette cuisine de grand caractère, raffinée et bien ancrée dans son époque.

À LA CARTE...

Langoustine, chénopodes, marjolaine et tomates, amandes fraiches • Canard cuit au bois de nos forêts, livèche et arroche • Fraises des bois et sureau

Menu 60 € (déjeuner), 95/130 €

VILLE-D'AVRAY

PLAN : B2
55 rue de Versailles
 92410
TEL. 01 41 15 37 00
www.etangs-corot.com

Fermé 29 juillet-15 août, lundi, mardi, dimanche soir

A/C

Menu 45 € (déjeuner), 75/105 €

VINCENNES

PLAN : C2
11 rue de l'Église
✉ **94300**
TEL. 01 46 81 50 34
www.loursrestaurant.com

Fermé lundi, dimanche

Cuisine moderne • Contemporain

L'OURS

Jacky Ribault (anciennement Qui Plume La Lune, dans le 11e) n'en fait pas mystère : cet Ours, installé près du château de Vincennes, représente l'aboutissement de sa carrière. Il l'a conçu à son image, jouant sur les espaces et les formes, dans un mariage réussi de bois, métal, pierre et cuir : un écrin formidable, en cohérence avec les créations culinaires dont il a le secret. Car dans l'assiette, on retrouve tout ce qu'on aime chez ce cuisinier d'expérience, volubile et passionné : le coup de patte instinctif, le visuel soigné, les inspirations brutes qui subliment des produits de premier choix. On trouvera par exemple à la carte de subtiles touches japonaises (bouillon dashi de homard breton et brioche au sésame), mais aussi la plus traditionnelle pintade, ou encore cette barbue avec son risotto de riz vénéré à la betterave... Jacky Ribault est en pleine forme, et plus que jamais fidèle à lui-même.

À LA CARTE...
Cuisine du marché

Michelin

Cuisine traditionnelle • Bistro

LE CHEFSON

Dans une petite rue résidentielle – et confidentielle – de Bois-Colombes, le Chefson, très apprécié de la clientèle locale, joue sereinement la carte bistrot : comptoir garni de bouteilles, tables en bois et suggestions du jour à l'ardoise. Atmosphère conviviale dans la salle principale (ou plus intime et cossue à l'arrière) et plaisir de partager une cuisine simple, copieuse et riche en saveurs... Le chef honore les produits du marché et concocte de bons plats traditionnels : pâté au porc et foies de volaille, chutney d'oignons rouges ; médaillons de volaille farcis aux herbes, jus tomaté au piment d'Espelette...

À LA CARTE...

Millefeuille de chèvre, tomates, artichauts et confit d'olives • Épaule d'agneau fondante, aubergines et jus au thym • Vacherin glacé aux fruits de saison et éclats de nougatine

Menu 25 € (déjeuner), 31/41 €

BOIS-COLOMBES

PLAN : B2
17 rue Charles Chefson
✉ **92270**
TEL. 01 42 42 12 05

Fermé 29 juillet-26 août, lundi soir, samedi, dimanche

Michelin

Cuisine moderne • Contemporain

LA TABLE DE CYBÈLE

À la tête de ce néobistrot œuvre un couple franco-américain, et c'est Cybèle, née à San Francisco, qui officie en cuisine, signant des recettes originales, axées sur de beaux produits, à l'instar de cette fricassée d'escargots, champignons shiitake et canard fumé maison... La Table de Cybèle est si jolie...

Menu 34 € (déjeuner) – Carte 43/52 €

BOULOGNE-BILLANCOURT

PLAN : B2
38 rue de Meudon
✉ **92100**
TEL. 01 46 21 75 90
www.latabledecybele.com
Ⓜ **Billancourt**

Fermé lundi, dimanche

Cuisine moderne • Design

LA FABRIQUE

Ce loft d'esprit industriel est bien caché au bout d'une petite allée, et il fait bon s'y régaler dans une atmosphère jeune et décontractée... Une adresse d'aujourd'hui, qui décline une cuisine moderne et volontiers créative, avec quelques fulgurances !

Menu 38 € (déjeuner), 75 € – Carte 46/75 €

BRIE-COMTE-ROBERT

PLAN : D3
1 bis rue du Coq-Gaulois
✉ **77170**
TEL. 01 60 02 10 10
www.restaurantlafabrique.fr

Fermé 9-16 mars, 3 août-3 septembre, 25 décembre-8 janvier, lundi, mardi soir, mercredi soir, samedi midi, dimanche

Cuisine traditionnelle · Romantique

ABBAYE DES VAUX DE CERNAY

Dans le magnifique cadre de cette abbaye cistercienne, les salles à manger s'ornent de belles voûtes et ogives : un écrin de choix pour la belle cuisine de tradition préparée par le chef. Tourteau à la gelée de mangue et dentelle de sarrasin, bar sauvage à l'ail des ours et risotto aux coquillages... Réjouissant.

Menu 32 € (déjeuner), 55/85 € – Carte 80/92 €

CERNAY-LA-VILLE

PLAN : A3
Domaine des Vaux de Cernay
✉ **78720**
TEL. 01 34 85 23 00
www.abbayedecernay.com

Cuisine traditionnelle · Bistro

BARBEZINGUE

Drôle de nom pour un étonnant concept : le Barbezingue fait restaurant, table d'hôte (buffet à l'étage) et... barbier le vendredi matin ! Fauteuil ad hoc, beau zinc et casiers à bouteilles : ici, le mélange des genres ne nuit pas à la qualité, ce qui ravit Châtillonnais et Parisiens. La cuisine est canaille, savoureuse et limpide, comme le talent du chef, Thierry Faucher (L'Os à Moelle, Paris 15e), qui maîtrise ses recettes : crème de cèpes, huile de noisette, coriandre et p'tits croûtons dorés, ou paleron de bœuf et purée de céleri. En prime, une terrasse pour l'apéritif (ou le digestif) et un terrain de pétanque. Plus qu'un concept, un lieu de vie !

À LA CARTE...

Terrine de boudin noir poêlée, céleri rémoulade aux piquillos • Brandade de haddock, beurre de nage au romarin • Baba au rhum

Menu 26/44 € – Carte 35/40 €

CHÂTILLON

PLAN : B2
14 boulevard de la Liberté
✉ **92320**
TEL. 01 49 85 83 50
www.barbezingue.com

Fermé 5-26 août, lundi, dimanche soir

A/C

Cuisine moderne • Bistro

LE SAINT JOSEPH

Ce bistrot de quartier est tombé entre de bonnes mains ! Repris en avril 2017 par un couple au parcours exemplaire – Benoît Bordier, étoilé à Jean (Paris 9), n'ayant fréquenté que de belles maisons (Le Bristol, le Crillon, mais surtout les Régalade de Bruno Doucet). Ici mijote une goûteuse cuisine au goût du jour, déclinée sous forme d'un menu-carte et de quelques suggestions ; carpaccio de veau ; riz cuit au lait et à la vanille... le tout mis en scène en salle par madame Bordier. Sans oublier la petite carte des vins, judicieusement choisis, mettant en avant les femmes vigneronnes, l'ambiance familiale et la proximité du tramway (Charlebourg). Un coup de cœur.

À LA CARTE...

Calamar farci, brandade, tzatziki d'œufs de poisson • Poitrine de cochon, tomates rôties, grenade et chorizo • Riz au lait

Menu 34 € – Carte 34/60 €

LA GARENNE-COLOMBES

PLAN : B2
100 boulevard de la République
✉ **92250**
TEL. 01 42 42 64 49
www.lesaintjoseph-restaurant.fr

Fermé 6-12 mai, 5-26 août, jeudi, samedi midi

Cuisine japonaise • Simple

AUDA

Cette adresse de poche propose une cuisine japonaise en petits plats, façon tapas (beignet wakame, maki à l'oursin, porc tonkatsu) dans un cadre épuré, rehaussé de bières, sakés, whisky japonais et autres mangas. Un izakaya à Levallois !

Menu 34 € (déjeuner), 42/58 € – Carte 25/58 €

LEVALLOIS-PERRET

PLAN : B2
51 rue d'Anton
✉ **92300**
TEL. 01 47 59 94 17
www.pierrelambert.fr
Ⓜ **Anatole France**

Fermé 4-26 août, lundi, dimanche

Cuisine créative • Élégant

LES MAGNOLIAS

Ces Magnolias se sont imposés en douceur auprès des gourmets du Perreux-sur-Marne. Le chef met un soin particulier dans la présentation de ses plats, goûteux et volontiers créatifs. Autour de lui, en cuisine et dans l'élégante salle, s'affaire une jeune équipe soucieuse de bien faire.

Menu 39/89 €

LE PERREUX-SUR-MARNE

PLAN : C2
48 avenue de Bry
✉ **94170**
TEL. 01 48 72 47 43
www.lesmagnolias.com

Fermé 4-27 août, lundi, samedi midi, dimanche soir

Cuisine moderne • Tendance

AUBERGE DU CHEVAL BLANC

Laurence Ravail continue de porter cette maison avec toute son énergie et sa passion. Entourée d'une petite équipe, elle réalise une cuisine de saison colorée et savoureuse, qui doit beaucoup à de beaux produits issus des circuits courts. Et bien sûr, elle se montre toujours aussi inspirée côté vins, avec une sélection orientée biodynamie et nature.

Menu 20 € (déjeuner), 43/65 € – Carte 50/83 €

PONTOISE

PLAN : A1
47 rue de Gisors
✉ **95000**
TEL. 01 30 32 25 05

Fermé 29 juillet-18 août, lundi, samedi midi, dimanche

Cuisine moderne • Branché

SAPERLIPOPETTE !

N'hésitez pas à venir vous restaurer de ce côté de Puteaux, non loin de la Défense : cette ancienne brasserie a subi un sacré lifting, devenant un restaurant chaleureux et branché, sous la houlette d'une équipe experte en la matière. On se sustente d'une cuisine actuelle déclinée sous forme de menu-carte qui change régulièrement autour de quelques incontournables (côte de veau, onglet Black Angus). La décoration contemporaine, aux tons sombres, les fauteuils en velours, le bar à cocktails, comme la vinothèque, invitent à s'attarder. C'est généreux, bien tourné, et le personnel aussi stylé qu'attentionné.

À LA CARTE...

Ceviche de dorade, concombre, céleri et pomme • Risotto de gambas, émulsion de bisque, parmesan et roquette • La sphère : poire Belle-Hélène, glace vanille, chocolat chaud

Menu 36/40 € – Carte 51/65 €

PUTEAUX

PLAN : B2
9 place du Théâtre
✉ **92800**
TEL. 01 41 37 00 00
www.saperlipopette1.fr

Michelin

🍴○
Cuisine moderne • Bistro

LE RIPAILLEUR

En face de la patinoire et à deux pas de la mairie, ce restaurant qui louche vers l'esprit bistrot propose une cuisine chaleureuse (ris de veau, pâté en croûte) à base de produits frais, et à prix imbattables. Ici, prime convivialité et ripaille ! Une adresse bien sympathique.

Menu 19 € (déjeuner) – Carte 30/47 €

SAINT-OUEN

PLAN : B2
9 rue du Docteur-Bauer
✉ **93400**
TEL. 09 83 04 68 50
www.leripailleur.fr
Ⓜ **Mairie de St-Ouen**

Fermé 28 juillet-21 août,
23 décembre-2 janvier, lundi, mardi soir,
mercredi soir, dimanche

 ♿ 🄰🄲

🍴○
Cuisine grecque • Méditerranéen

YAYA

Yaya est le surnom donné aux grands-mères dans les pays méditerranéens. Ce restaurant est né d'une rencontre entre deux frères et un chef. À l'arrivée, une jolie cuisine grecque : pita, mezzés, gâteau à l'orange (une recette de la grand-mère des deux frères, justement...). Une table sympathique dans le quartier en plein essor de Saint-Ouen.

Carte 25/38 €

SAINT-OUEN

PLAN : B2
8 rue de l'Hyppodrome
✉ **93400**
TEL. 01 44 04 27 65 – www.yayarestaurant.com
Ⓜ **Mairie de St-Ouen**

Fermé dimanche soir

🪑 ♿

😊
Cuisine du Sud-Ouest • Classique

LA TABLE D'ANTAN

Ici, pas d'extravagance, mais un décor bourgeois (tissu mural, lustres en fer forgé, tables rondes coquettement dressées, fauteuils tapissiers) et un accueil tout sourire de la part de la patronne. Un agréable moment à deux ou entre amis, pour savourer la cuisine de Pierre Julien. En professionnel aguerri, il réalise des préparations aussi bien classiques qu'orientées Sud-Ouest. À titre d'exemple : pressé de courgettes-aubergines-tomates ; confit de canard aux deux pommes ; blanc-manger, fraises à l'huile d'olive et sorbet aux fruits rouges...

À LA CARTE...
Rémoulade de lentilles vertes du Puy, cervelas de canard • Petit gigot de canard mijoté aux bolets et girolles, gratin de La Table d'Antan • Blanc-manger, fraises à l'huile d'olive et sorbet fraise

Menu 32/51 € – Carte 46/67 €

SAINTE-GENEVIÈVE-DES-BOIS

PLAN : B3
38 avenue de la Grande-Charmille-du-Parc
(près de l'hôtel de ville)
✉ **91700**
TEL. 01 60 15 71 53 – www.latabledantan.fr

Fermé 5-26 août, lundi, mardi soir, mercredi soir, dimanche soir

🪑 🄰🄲

263

Cuisine traditionnelle •
Branché

MACAILLE

Sur les quais, à deux pas de la Défense, cette ancienne brasserie a adopté les atours d'un appartement de famille, dont les espaces, modulables et décorés de façon différente, évoquent les pièces d'antan. Une cuisine fraîche de saison, comme à la maison !

Menu 30 € – Carte 40/56 €

SURESNES

PLAN : B2
29 quai Gallieni
✉ **92150**
TEL. 01 41 44 77 80
www.macaille.fr

Fermé lundi, dimanche

Cuisine moderne • Tendance

LA JUMENT VERTE

Près du parc des expositions de Villepinte et de l'aéroport de Roissy, voici une auberge utile pour s'échapper des événements nationaux et des vols internationaux ! Pause gourmande assurée, le midi comme le soir, avec dans l'assiette des plats actuels et savoureux, réalisés à base de produits frais choisis ; le chef n'hésite pas à y intégrer des notes inventives et à nous surprendre avec des saveurs inattendues. On s'installe dans une salle au décor simple et avenant, ou sur la terrasse, en été. Et pourquoi donc cette jument verte de l'enseigne ? C'est un hommage au roman éponyme de Marcel Aymé.

À LA CARTE...

Tartare de bœuf, glace wasabi et cacahuètes • Burger maison Black Angus • Chaud-froid au chocolat pralin, glace caramel

Menu 29/53 € – Carte 38/60 €

TREMBLAY-EN-FRANCE

PLAN : C1
43 route de Roissy
✉ **93290**
TEL. 01 48 60 69 90
www.aubergelajumentverte.fr

Fermé samedi, dimanche

La Jument Verte

Cuisine moderne •
Contemporain

LE BISTROT DU 11

Vous l'avez deviné : l'équipe de la Table du 11 se cache derrière ce Bistrot du 11, installé dans une rue touristique piétonne non loin du château. C'est aussi contemporain dans la décoration (béton ciré, carreaux de ciment, poutres métalliques, cuisines ouvertes sur la salle) que dans l'assiette, où de beaux produits sont déclinés sous la forme d'un menu-carte avec quatre entrées, quatre plats et trois desserts. Œuf, lentilles et persil ; cabillaud, chou pointu et tarama ; tarte au chocolat chaud, vanille... Des propositions soignées, bien dans l'air du temps : à découvrir d'urgence.

À LA CARTE...
Pied de cochon, cajou, céleri • Onglet, aubergine, échalote • Figue, tagète, pécan

Menu 37 €
VERSAILLES

PLAN : A2
10 rue de Satory
✉ **78000**
TEL. 01 75 45 63 70
www.lebistrotdu11.com

Fermé 24 février-11 mars, 28 juillet-26 août, lundi, dimanche

Cuisine classique •
Contemporain

ORE

Ore, c'est la bouche, en latin. Un nom d'une simplicité désarmante pour cet endroit tout simplement exceptionnel : un pavillon du 17ᵉ s. aménagé au cœur du château de Versailles. Alain Ducasse est le Roi Soleil de ces lieux, y faisant appliquer la loi culinaire qu'on lui connaît : celle de la naturalité, et d'un hommage sans cesse renouvelé au beau produit.

Carte 34/80 €
VERSAILLES

PLAN : A2
place d'Armes (Pavillon Dufour-Château de Versailles - 1ᵉʳ étage)
✉ **78000**
TEL. 01 30 84 12 96
www.ducasse-chateauversailles.com

Fermé lundi, mardi soir, mercredi soir, jeudi soir, vendredi soir, samedi soir, dimanche soir

Cuisine moderne • Convivial

MAYA

Ce restaurant de poche, ancienne quincaillerie, est tenu par un ex-directeur artistique. Associé au chef (et compatriote) Juan Arbelaez, il propose une amicale cuisine sud-américaine.

Menu 38/55 € – Carte 40/50 €
VILLE-D'AVRAY

PLAN : B2
45 rue de Saint-Cloud
✉ **92410**
TEL. 01 41 15 50 48

Fermé 28 juillet-19 août,
22 décembre-7 janvier, lundi, dimanche

Cuisine du marché • Contemporain

BIRD

Au centre de cette jolie petite ville, sur une place piétonne proche de la mairie, cet ancien salon de thé s'est métamorphosé en lieu de gourmandise, sous l'impulsion du fils de famille - car ici, on est cuisiniers de père en fils depuis trois générations. Passé par de belles maisons, il propose une cuisine du marché bien ficelée, à prix tout doux. On se régale de tataki de bœuf ; merlan avec asperges et pommes de terre grenaille, ou d'une bonne panna cotta. Salle épurée façon scandinave, agréable terrasse face à la fontaine. Une bonne adresse.

À LA CARTE...

Escargots, champignons de Paris • Lapin rôti, houmous de brocolis au sésame • Autour du chocolat

Menu 28 €

YERRES

PLAN : C3
38 rue Charles-de-Gaulle
✉ **91330**
TEL. 01 79 93 28 81
www.bird-restaurant.com

Fermé 4-28 août, 23 décembre-1er janvier, lundi, dimanche

Michelin • Rrrainbow/iStock

INDEX THÉMATIQUES

INDEX ALPHABÉTIQUE DES RESTAURANTS **P. 270**

LES TABLES ÉTOILÉES **P. 275**

BIB GOURMAND **P. 277**

LES ASSIETTES « COUP DE CŒUR » **P. 278**

RESTAURANTS PAR TYPES DE CUISINE **P. 280**

TABLES EN TERRASSE **P. 285**

RESTAURANTS AVEC SALONS PARTICULIERS **P. 286**

INDEX ALPHABÉTIQUE DES RESTAURANTS

A

Abbaye des Vaux
  de Cernay 🍴 (Cernay-la-Ville) 260
L'Abeille ❄❄ (16ᵉ) 201
Abri ❄ (10ᵉ) 152
Abri Soba 🍴 (9ᵉ) 145
L'Abysse au
  Pavillon Ledoyen ❄ (8ᵉ) 117
Accents Table Bourse ❄ (2ᵉ) 35
L'Accolade 🍴 (15ᵉ) 195
Les Affranchis 🍴 (9ᵉ) 148
Agapé ❄ (17ᵉ) 219
Aida ❄ (7ᵉ) 90
Akrame ❄ (8ᵉ) 118
À La Biche au Bois 🍴 (12ᵉ) 170
Alain Ducasse au
  Plaza Athénée ❄❄❄ (8ᵉ) 108
Alan Geaam ❄ (16ᵉ) 203
Allard 🍴 (6ᵉ) 80
Alléno Paris au
  Pavillon Ledoyen ❄❄❄ (8ᵉ) 109
Alliance ❄ (5ᵉ) 60
L'Ambroisie ❄❄❄ (4ᵉ) 54
L'Ami Jean 🍴 (7ᵉ) 103
Anahi 🍴 (3ᵉ) 50
Anne 🍴 (3ᵉ) 50
Antoine ❄ (16ᵉ) 204
L'Antre Amis 🍴 (15ᵉ) 191
Apicius ❄ (8ᵉ) 119
L'Arcane ❄ (18ᵉ) 230
L'Archeste ❄ (16ᵉ) 205
Armani Ristorante ❄ (6ᵉ) 73
Arnaud Nicolas 🍴 (7ᵉ) 103
L'Arôme ❄ (8ᵉ) 120
Arpège ❄❄❄ (7ᵉ) 86
L'Assiette 🍴 (14ᵉ) 184
Astrance ❄❄ (16ᵉ) 202
AT 🍴 (5ᵉ) 67
L'Atelier de Joël Robuchon -
  Étoile ❄ (8ᵉ) 121

L'Atelier de Joël Robuchon -
  St-Germain ❄❄ (7ᵉ) 87
L'Atelier du Parc 🍴 (15ᵉ) 191
Auberge des
  Saints Pères ❄ (Aulnay-sous-Bois) 246
Auberge
  du Cheval Blanc 🍴 (Pontoise) 262
Auberge Pyrénées
  Cévennes 🍴 (11ᵉ) 162
Au Bon Accueil 🍴 (7ᵉ) 100
Auda 🍴 (Levallois-Perret) 261
Auguste ❄ (7ᵉ) 91
Au Petit Marguery 🍴 (13ᵉ) 175
Automne ❄ (11ᵉ) 158
Aux Enfants Gâtés 🍴 (14ᵉ) 182
Aux Lyonnais 🍴 (2ᵉ) 44
Aux Plumes 🍴 (14ᵉ) 184
Aux Prés 🍴 (6ᵉ) 80

B

Baieta ❄ (5ᵉ) 61
Balagan 🍴 (1ᵉʳ) 30
Baltard au Louvre 🍴 (1ᵉʳ) 30
Le Baratin 🍴 (20ᵉ) 240
Barbezingue 🍴 (Châtillon) 260
Le Baudelaire ❄ (1ᵉʳ) 21
Beige 🍴 (5ᵉ) 67
Benoit ❄ (4ᵉ) 55
Beurre Noisette 🍴 (15ᵉ) 195
Biondi 🍴 (11ᵉ) 163
Bird 🍴 (Yerres) 266
Biscotte 🍴 (15ᵉ) 192
Bistrot Augustin 🍴 (14ᵉ) 184
Le Bistrot du 11 🍴 (Versailles) 265
Bistrotters 🍴 (14ᵉ) 182
Bistro Volnay 🍴 (2ᵉ) 44
Bon Kushikatsu 🍴 (11ᵉ) 163

Le Bon Saint-Pourçain �𝄪	(6ᵉ)	80
Le Bouchon et l'Assiette ⫶◯	(17ᵉ)	224
Le Boudoir ⫶◯	(8ᵉ)	138
Les Bouquinistes ⫶◯	(6ᵉ)	80
La Bourse et la Vie ⫶◯	(2ᵉ)	44
Boutary ⫶◯	(6ᵉ)	81
Brasserie Thoumieux by Sylvestre ⫶◯	(7ᵉ)	104
Breizh Café - Le Marais ⫶◯	(3ᵉ)	50
Breizh Café - Odéon ⫶◯	(6ᵉ)	81

C

Café Constant ⫶◯	(7ᵉ)	104
Café de l'Homme ⫶◯	(16ᵉ)	213
Le Caillebotte ⊕	(9ᵉ)	145
Caïus ⫶◯	(17ᵉ)	224
Le Camélia ✿	(Bougival)	247
Les Canailles Pigalle ⊕	(9ᵉ)	146
Les Canailles Ménilmontant ⊕	(20ᵉ)	238
Capitaine ⫶◯	(4ᵉ)	57
Carré des Feuillants ✿	(1ᵉʳ)	22
Le Casse Noix ⊕	(15ᵉ)	192
Caves Pétrissans ⫶◯	(17ᵉ)	224
Les 110 de Taillevent ⫶◯	(8ᵉ)	138
114, Faubourg ✿	(8ᵉ)	122
Le Cette ⫶◯	(14ᵉ)	184
Champeaux ⫶◯	(1ᵉʳ)	30
Le Chateaubriand ✿	(11ᵉ)	159
Le Chefson ⊕ (Bois-Colombes)		259
Le Cherine ⫶◯	(15ᵉ)	195
Chez les Anges ⊕	(7ᵉ)	100
Le Chiberta ✿	(8ᵉ)	123
Le Chiquito ✿ (Méry-sur-Oise)		252
Le Cinq ✿✿✿	(8ᵉ)	110
52 Faubourg St-Denis ⊕	(10ᵉ)	153
Clamato ⊕	(11ᵉ)	162
Le Clarence ✿✿	(8ᵉ)	113
Les Climats ✿	(7ᵉ)	92
Le Clos des Gourmets ⊕	(7ᵉ)	101
Clover Green ⫶◯	(7ᵉ)	104
Clover Grill ⫶◯	(1ᵉʳ)	30
Cobéa ✿	(14ᵉ)	180
Les Cocottes - Tour Eiffel ⊕ (7ᵉ)		101
Comice ✿	(16ᵉ)	206

Comme Chez Maman ⊕	(17ᵉ)	222
La Condesa ✿	(9ᵉ)	142
Copenhague ✿	(8ᵉ)	124
Le Coq Rico ⫶◯	(18ᵉ)	234
Le Cornichon ⫶◯	(14ᵉ)	185
Le Corot ✿ (Ville-d'Avray)		257
Le Cotte Rôti ⫶◯	(12ᵉ)	170
Cucina ⊕	(5ᵉ)	66

D

La Dame de Pic ✿	(1ᵉʳ)	23
David Toutain ✿✿	(7ᵉ)	88
Les Délices d'Aphrodite ⫶◯ (5ᵉ)		67
Dépôt Légal ⊕	(2ᵉ)	42
Dersou ⫶◯	(12ᵉ)	171
Le Desnoyez ⊕	(20ᵉ)	238
Dessirier par Rostang Père et Filles ⫶◯	(17ᵉ)	224
Dilia ⫶◯	(20ᵉ)	240
Divellec ✿	(7ᵉ)	93
Dominique Bouchet ✿	(8ᵉ)	125
Le Duc ⫶◯	(14ᵉ)	185
Ducasse sur Seine ⫶◯	(16ᵉ)	213

E

L'Écrin ✿	(8ᵉ)	126
Eels ⫶◯	(10ᵉ)	154
L'Empreinte ⊕	(14ᵉ)	183
Les Enfants Rouges ⫶◯	(3ᵉ)	50
L'Envie du Jour ⊕	(17ᵉ)	222
Épicure au Bristol ✿✿✿	(8ᵉ)	111
L'Épi Dupin ⫶◯	(6ᵉ)	81
ERH ✿	(2ᵉ)	36
ES ✿	(7ᵉ)	94
L'Escarbille ✿	(Meudon)	253
L'Esquisse ⊕	(18ᵉ)	233
Etsi ⊕	(18ᵉ)	233
Étude ✿	(16ᵉ)	207

F

La Fabrique ⫶◯ (Brie-Comte-Robert)		259
Fish La Boissonnerie ⫶◯	(6ᵉ)	81

La Fontaine Gaillon ⏹ (2e) 44
Fraîche ⏹ (10e) 154
Le Frank ⏹ (16e) 214
Frédéric Simonin ✿ (17e) 220
Frenchie ✿ (2e) 37

G – H

Le Gabriel ✿✿ (8e) 114
Le Galopin ⏹ (10e) 155
Gare au Gorille ⏹ (17e) 225
Le George ✿ (8e) 127
Gordon Ramsay
au Trianon ✿ (Versailles) 255
Graindorge ⏺ (17e) 223
La Grande Cascade ✿ (16e) 208
Le Grand Pan ⏹ (15e) 195
Le Grand Restaurant -
Jean-François Piège ✿✿ (8e) 115
Le Grand Véfour ✿✿ (1er) 16
Guy Savoy ✿✿✿ (6e) 72
Helen ✿ (8e) 128

I

Ida by Denny Imbroisi ⏹ (15e) 196
I Golosi ⏺ (9e) 146
Il Carpaccio ✿ (8e) 129
Impérial Choisy ⏺ (13e) 174
L'Initial ⏹ (5e) 67
L'Innocence ⏹ (9e) 148
Isami ⏹ (4e) 57
Itacoa ⏺ (2e) 42

J

Jacques Faussat ⏹ (17e) 225
Les Jardins
de l'Espadon ✿ (1er) 24
Jean Chauvel ✿
(Boulogne-Billancourt) 248
Jin ✿ (1er) 25
Jòia par Hélène Darroze ⏹ (2e) 45
Le Jourdain ⏺ (20e) 239
Jouvence ⏺ (12e) 170

La Jument Verte ⏺
(Tremblay-en-France) 264

K

Kei ✿✿ (1er) 17
Ken Kawasaki ✿ (18e) 231
KGB ⏹ (6e) 82
Kisin ⏺ (8e) 136
Kitchen Ter(re) ⏹ (5e) 68
Kokoro ⏺ (5e) 66

L

La Laiterie
Sainte-Clotilde ⏺ (7e) 102
Lasserre ✿ (8e) 130
Laurent ✿ (8e) 131
Lazare ⏹ (8e) 138
Liza ⏹ (2e) 45
Loiseau rive Gauche ✿ (7e) 95
Louis ✿ (9e) 143
Loulou ⏹ (1er) 31
Lucas Carton ✿ (8e) 132

M

Macaille ⏹ (Suresnes) 264
Les Magnolias ⏹
(Le Perreux-sur-Marne) 261
Maison Noura ⏹ (16e) 214
Maison Rostang ✿✿ (17e) 218
Mamagoto ⏺ (10e) 153
Mandoobar ⏺ (8e) 136
Manko ⏹ (8e) 138
Marius et Janette ⏹ (8e) 139
Marsan - Hélène Darroze ✿ (6e) 74
Massale ⏹ (11e) 164
Mavrommatis ✿ (5e) 62
Maya ⏹ (Ville-d'Avray) 265
La Méditerranée ⏺ (6e) 79
Mee ⏺ (1er) 29
Mensae ⏺ (19e) 239
Le Mermoz ⏺ (8e) 137
Le Metropolitan ⏹ (16e) 214

Le Meurice
 Alain Ducasse ❀❀   (1er)   18
Mokko �Ⓞ   (18e)   234
Monsieur K ⅠⓄ   (2e)   45
Montée ❀   (14e)   181
Mori Venice Bar ⅠⓄ   (2e)   45

N

Nakatani ❀   (7e)   96
Neige d'Été ❀   (15e)   188
NESO ❀   (9e)   144
Néva Cuisine ⅠⓄ   (8e)   139
Nomicos ❀   (16e)   209
N° 41 ⓐ   (16e)   213

O

L'Oiseau Blanc ⅠⓄ   (16e)   214
Oka ❀   (5e)   63
L'Orangerie ❀   (8e)   133
Ore ⅠⓄ   (Versailles) 265
Origins 14 ⓐ   (14e)   183
L'Or Q'idée ❀   (Pontoise) 254
Orties ⅠⓄ   (9e)   148
L'Os à Moelle ⓐ   (15e)   193
L'Oseille ⓐ   (2e)   43
Osteria Ferrara ⅠⓄ   (11e)   164
L'Ours ❀   (Vincennes) 258

P

Pages ❀   (16e)   210
Le Pantruche ⓐ   (9e)   147
Les Papilles ⅠⓄ   (5e)   68
Papillon ⅠⓄ   (17e)   225
La Pascade ⅠⓄ   (2e)   46
Passage 53 ❀❀   (2e)   34
Passerini ⅠⓄ   (12e)   171
Penati al Baretto ❀   (8e)   134
Le Pergolèse ❀   (16e)   211
Pertinence ❀   (7e)   97
La Petite Sirène
 de Copenhague ⅠⓄ   (9e)   148

Le Petit Verdot
 du 17ème ⓐ   (17e)   223
Pho Tai ⓐ   (13e)   174
Pierre Gagnaire ❀❀❀   (8e)   112
Pierre Sang Signature ⅠⓄ (11e)   164
Pilgrim ❀   (15e)   189
Pirouette ⅠⓄ   (1er)   31
Pomze ⓐ   (8e)   137
Porte 12 ⅠⓄ   (10e)   155
Pottoka ⓐ   (7e)   102
La Poule au Pot ❀   (1er)   26
Le Pré Catelan ❀❀❀   (16e)   200
Pur' - Jean-François
 Rouquette ❀   (2e)   38

Q

Le Quincangrogne ❀
                          (Dampmart) 250
Quincy ⅠⓄ   (12e)   171
Quinsou ❀   (6e)   75
Le Quinzième -
 Cyril Lignac ❀   (15e)   190
Qui plume la Lune ❀   (11e)   160

R

Racines des Prés ⅠⓄ   (7e)   104
Racines ❀   (2e)   39
Le Radis Beurre ⓐ   (15e)   193
Le Récamier ⅠⓄ   (7e)   105
Rech ⅠⓄ   (17e)   225
Le Réciproque ⓐ   (18e)   234
La Régalade
 Conservatoire ⅠⓄ   (9e)   149
La Régalade St-Honoré ⅠⓄ (1er)   31
Relais Louis XIII ❀   (6e)   76
Le Relais Plaza ⅠⓄ   (8e)   139
Les Résistants ⓐ   (10e)   154
Restaurant
 des Grands Boulevards ⓐ (2e)   43
Restaurant
 du Palais Royal ❀   (1er)   27
Restaurant H ❀   (4e)   56
Richer ⓐ   (9e)   147
Le Ripailleur ⅠⓄ (Saint-Ouen) 263
Le Rive Droite ⅠⓄ   (16e)   215

INDEX ALPHABÉTIQUE DES RESTAURANTS

S

Le Saint Joseph ⚜
    (La Garenne-Colombes) 261
Saperlipopette ! ⚜ (Puteaux) 262
Saturne ❀ (2ᵉ) 40
La Scène ❀❀ (8ᵉ) 116
La Scène Thélème ❀ (17ᵉ) 221
Sellae �}O (13ᵉ) 175
Septime ❀ (11ᵉ) 161
Le Servan ⅃O (11ᵉ) 164
Shang Palace ❀ (16ᵉ) 212
Shirvan ⅃O (8ᵉ) 139
Signature Montmartre ⅃O (18ᵉ) 235
Sola ❀ (5ᵉ) 64
Sormani ⅃O (17ᵉ) 226
Le Sot l'y Laisse ⅃O (11ᵉ) 165
Sourire Le Restaurant ⅃O (13ᵉ) 176
Sushi B ❀ (2ᵉ) 41
Sur Mesure
  par Thierry Marx ❀❀ (1ᵉʳ) 19
Sylvestre ❀❀ (7ᵉ) 89

T

Table - Bruno Verjus ❀ (12ᵉ) 168
La Table d'Antan ⚜
    (Sainte-Geneviève-des-Bois) 263
La Table de Cybèle ⅃O
    (Boulogne-Billancourt) 259
La Table de l'Espadon ❀❀ (1ᵉʳ) 20
La Table des Blot - Auberge
du Château ❀
    (Dampierre-en-Yvelines) 249
La Table d'Eugène ❀ (18ᵉ) 232
La Table du 11 ❀ (Versailles) 256

Le Taillevent ❀ (8ᵉ) 135
Taokan - St-Honoré ⅃O (1ᵉʳ) 31
Tavline ⅃O (4ᵉ) 57
Tempero ⚜ (13ᵉ) 175
Thiou ⅃O (7ᵉ) 105
Le Timbre ⚜ (6ᵉ) 79
Tomy & Co ❀ (7ᵉ) 98
Tour d'Argent ❀ (5ᵉ) 65
La Traversée ⅃O (18ᵉ) 235
Le Troquet ⚜ (15ᵉ) 194

V

Vantre ⅃O (11ᵉ) 165
Le Versance ⅃O (2ᵉ) 46
Le Village ❀ (Marly-le-Roi) 251
Le Villaret ⚜ (11ᵉ) 163
20 Eiffel ⚜ (7ᵉ) 103
Le Violon d'Ingres ❀ (7ᵉ) 99
Virtus ❀ (12ᵉ) 169
Le Vitis ⚜ (15ᵉ) 194

Y

Yam'Tcha ❀ (1ᵉʳ) 28
Yaya ⅃O (Saint-Ouen) 263
Yen ⅃O (6ᵉ) 82
Yido ⅃O (15ᵉ) 196
Yoshinori ❀ (6ᵉ) 77

Z

Ze Kitchen Galerie ❀ (6ᵉ) 78
Zen ⚜ (1ᵉʳ) 29

LES TABLES ETOILÉES

─────────

✿ ✿ ✿

Alain Ducasse		
au Plaza Athénée	(8ᵉ)	108
Alléno Paris		
au Pavillon Ledoyen	(8ᵉ)	109
L'Ambroisie	(4ᵉ)	54
Arpège	(7ᵉ)	86

Le Cinq	(8ᵉ)	110
Épicure au Bristol	(8ᵉ)	111
Guy Savoy	(6ᵉ)	72
Pierre Gagnaire	(8ᵉ)	112
Le Pré Catelan	(16ᵉ)	200

✿ ✿

L'Abeille	(16ᵉ)	201
Astrance	(16ᵉ)	202
L'Atelier de Joël Robuchon -		
St-Germain	(7ᵉ)	87
Le Clarence	(8ᵉ)	113
David Toutain Ⓝ	(7ᵉ)	88
Le Gabriel	(8ᵉ)	114
Le Grand Restaurant -		
Jean-François Piège	(8ᵉ)	115
Le Grand Véfour	(1ᵉʳ)	16

Kei	(1ᵉʳ)	17
Maison Rostang	(17ᵉ)	218
Le Meurice Alain Ducasse	(1ᵉʳ)	18
Passage 53	(2ᵉ)	34
La Scène Ⓝ	(8ᵉ)	116
Sur Mesure par		
Thierry Marx	(1ᵉʳ)	19
Sylvestre	(7ᵉ)	89
La Table de l'Espadon	(1ᵉʳ)	20

✿

Abri Ⓝ	(10ᵉ)	152
L'Abysse au		
Pavillon Ledoyen Ⓝ	(8ᵉ)	117
Accents Table Bourse Ⓝ	(2ᵉ)	35
Agapé	(17ᵉ)	219
Aida	(7ᵉ)	90
Akrame	(8ᵉ)	118
Alan Geaam	(16ᵉ)	203
Alliance	(5ᵉ)	60
Antoine	(16ᵉ)	204
Apicius	(8ᵉ)	119
L'Arcane	(18ᵉ)	230
L'Archeste	(16ᵉ)	205
Armani Ristorante	(6ᵉ)	73
L'Arôme	(8ᵉ)	120

L'Atelier de Joël Robuchon -		
Étoile	(8ᵉ)	121
Auberge des Saints Pères		
(Aulnay-sous-Bois)		246
Auguste	(7ᵉ)	91
Automne Ⓝ	(11ᵉ)	158
Baieta Ⓝ	(5ᵉ)	61
Le Baudelaire	(1ᵉʳ)	21
Benoit	(4ᵉ)	55
Le Camélia	(Bougival)	247
Carré des Feuillants	(1ᵉʳ)	22
114, Faubourg	(8ᵉ)	122
Le Chateaubriand	(11ᵉ)	159
Le Chiberta	(8ᵉ)	123
Le Chiquito	(Méry-sur-Oise)	252

Les Climats	(7e)	92
Cobéa	(14e)	180
Comice	(16e)	206
La Condesa Ⓝ	(9e)	142
Copenhague	(8e)	124
Le Corot	(Ville-d'Avray)	257
La Dame de Pic	(1er)	23
Divellec	(7e)	93
Dominique Bouchet	(8e)	125
L'Écrin	(8e)	126
ERH Ⓝ	(2e)	36
ES	(7e)	94
L'Escarbille	(Meudon)	253
Étude	(16e)	207
Frédéric Simonin	(17e)	220
Frenchie Ⓝ	(2e)	37
Le George	(8e)	127
Gordon Ramsay au Trianon	(Versailles)	255
La Grande Cascade	(16e)	208
Helen	(8e)	128
Il Carpaccio	(8e)	129
Les Jardins de l'Espadon	(1er)	24
Jean Chauvel	(Boulogne-Billancourt)	248
Jin	(1er)	25
Ken Kawasaki	(18e)	231
Lasserre	(8e)	130
Laurent	(8e)	131
Loiseau rive Gauche	(7e)	95
Louis Ⓝ	(9e)	143
Lucas Carton	(8e)	132
Marsan - Hélène Darroze	(6e)	74
Mavrommatis	(5e)	62
Montée	(14e)	181
Nakatani	(7e)	96
Neige d'Été	(15e)	188
NESO Ⓝ	(9e)	144
Nomicos	(16e)	209
Oka Ⓝ	(5e)	63
L'Orangerie	(8e)	133
L'Or Q'idée Ⓝ	(Pontoise)	254
L'Ours Ⓝ	(Vincennes)	258
Pages	(16e)	210
Penati al Baretto	(8e)	134
Le Pergolèse	(16e)	211
Pertinence	(7e)	97
Pilgrim Ⓝ	(15e)	189
La Poule au Pot Ⓝ	(1er)	26
Pur' - Jean-François Rouquette	(2e)	38
Le Quincangrogne	(Dampmart)	250
Quinsou	(6e)	75
Le Quinzième - Cyril Lignac	(15e)	190
Qui plume la Lune	(11e)	160
Racines Ⓝ	(2e)	39
Relais Louis XIII	(6e)	76
Restaurant du Palais Royal	(1er)	27
Restaurant H	(4e)	56
Saturne	(2e)	40
La Scène Thélème	(17e)	221
Septime	(11e)	161
Shang Palace	(16e)	212
Sola Ⓝ	(5e)	64
Sushi B	(2e)	41
Table - Bruno Verjus	(12e)	168
La Table des Blot - Auberge du Château	(Dampierre-en-Yvelines)	249
La Table d'Eugène	(18e)	232
La Table du 11	(Versailles)	256
Le Taillevent	(8e)	135
Tomy & Co Ⓝ	(7e)	98
Tour d'Argent	(5e)	65
Le Village	(Marly-le-Roi)	251
Le Violon d'Ingres	(7e)	99
Virtus Ⓝ	(12e)	169
Yam'Tcha	(1er)	28
Yoshinori Ⓝ	(6e)	77
Ze Kitchen Galerie	(6e)	78

BIB GOURMAND

Abri Soba	(9ᵉ)	145
L'Antre Amis	(15ᵉ)	191
L'Atelier du Parc	(15ᵉ)	191
Auberge Pyrénées		
Cévennes ⓝ	(11ᵉ)	162
Au Bon Accueil	(7ᵉ)	100
Aux Enfants Gâtés	(14ᵉ)	182
Barbezingue	(Châtillon)	260
Bird ⓝ	(Yerres)	266
Biscotte ⓝ	(15ᵉ)	192
Le Bistrot du 11	(Versailles)	265
Bistrotters	(14ᵉ)	182
Le Caillebotte	(9ᵉ)	145
Les Canailles Pigalle	(9ᵉ)	146
Les Canailles		
Ménilmontant	(20ᵉ)	238
Le Casse Noix	(15ᵉ)	192
Le Chefson	(Bois-Colombes)	259
Chez les Anges	(7ᵉ)	100
52 Faubourg St-Denis	(10ᵉ)	153
Clamato	(11ᵉ)	162
Le Clos des Gourmets	(7ᵉ)	101
Les Cocottes - Tour Eiffel	(7ᵉ)	101
Comme Chez Maman	(17ᵉ)	222
Cucina ⓝ	(5ᵉ)	66
Dépôt Légal ⓝ	(2ᵉ)	42
Le Desnoyez	(20ᵉ)	238
L'Empreinte	(14ᵉ)	183
L'Envie du Jour	(17ᵉ)	222
L'Esquisse	(18ᵉ)	233
Etsi	(18ᵉ)	233
Graindorge	(17ᵉ)	223
I Golosi	(9ᵉ)	146
Impérial Choisy	(13ᵉ)	174
Itacoa ⓝ	(2ᵉ)	42
Le Jourdain	(20ᵉ)	239
Jouvence	(12ᵉ)	170
La Jument Verte		
(Tremblay-en-France)		264

Kisin	(8ᵉ)	136
Kokoro	(5ᵉ)	66
La Laiterie Sainte-Clotilde	(7ᵉ)	102
Mamagoto	(10ᵉ)	153
Mandoobar	(8ᵉ)	136
La Méditerranée	(6ᵉ)	79
Mee	(1ᵉʳ)	29
Mensae	(19ᵉ)	239
Le Mermoz ⓝ	(8ᵉ)	137
N° 41	(16ᵉ)	213
Origins 14	(14ᵉ)	183
L'Os à Moelle	(15ᵉ)	193
L'Oseille ⓝ	(2ᵉ)	43
Le Pantruche	(9ᵉ)	147
Le Petit Verdot du 17ème	(17ᵉ)	223
Pho Tai	(13ᵉ)	174
Pomze	(8ᵉ)	137
Pottoka	(7ᵉ)	102
Le Radis Beurre	(15ᵉ)	193
Le Réciproque	(18ᵉ)	234
Les Résistants	(10ᵉ)	154
Restaurant des		
Grands Boulevards ⓝ	(2ᵉ)	43
Richer	(9ᵉ)	147
Le Saint Joseph		
(La Garenne-Colombes)		261
Saperlipopette !	(Puteaux)	262
La Table d'Antan		
(Sainte-Geneviève-des-Bois)		263
Tempero	(13ᵉ)	175
Le Timbre	(6ᵉ)	79
Le Troquet	(15ᵉ)	194
Le Villaret	(11ᵉ)	163
20 Eiffel	(7ᵉ)	103
Le Vitis	(15ᵉ)	194
Zen	(1ᵉʳ)	29

LES ASSIETTES COUP DE CŒUR

Abbaye des Vaux		
de Cernay	(Cernay-la-Ville)	260
L'Accolade	(15e)	195
Les Affranchis	(9e)	148
À La Biche au Bois	(12e)	170
Allard	(6e)	80
L'Ami Jean	(7e)	103
Anahi	(3e)	50
Anne	(3e)	50
Arnaud Nicolas	(7e)	103
L'Assiette	(14e)	184
AT	(5e)	67
Auberge		
du Cheval Blanc	(Pontoise)	262
Auda	(Levallois-Perret)	261
Au Petit Marguery	(13e)	175
Aux Lyonnais	(2e)	44
Aux Plumes	(14e)	184
Aux Prés	(6e)	80
Balagan	(1er)	30
Baltard au Louvre	(1er)	30
Le Baratin	(20e)	240
Beige	(5e)	67
Beurre Noisette	(15e)	195
Biondi	(11e)	163
Bistrot Augustin	(14e)	184
Bistro Volnay	(2e)	44
Bon Kushikatsu	(11e)	163
Le Bon Saint-Pourçain	(6e)	80
Le Bouchon et l'Assiette	(17e)	224
Le Boudoir	(8e)	138
Les Bouquinistes	(6e)	80
La Bourse et la Vie	(2e)	44
Boutary	(6e)	81
Brasserie Thoumieux		
by Sylvestre	(7e)	104
Breizh Café - Le Marais	(3e)	50
Breizh Café - Odéon	(6e)	81
Café Constant	(7e)	104
Café de l'Homme	(16e)	213

Caïus	(17e)	224
Capitaine	(4e)	57
Caves Pétrissans	(17e)	224
Les 110 de Taillevent	(8e)	138
Le Cette	(14e)	184
Champeaux	(1er)	30
Le Cherine	(15e)	195
Clover Green	(7e)	104
Clover Grill	(1er)	30
Le Coq Rico	(18e)	234
Le Cornichon	(14e)	185
Le Cotte Rôti	(12e)	170
Les Délices d'Aphrodite	(5e)	67
Dersou	(12e)	171
Dessirier par Rostang		
Père et Filles	(17e)	224
Dilia	(20e)	240
Le Duc	(14e)	185
Ducasse sur Seine	(16e)	213
Eels	(10e)	154
Les Enfants Rouges	(3e)	50
L'Épi Dupin	(6e)	81
La Fabrique		
	(Brie-Comte-Robert)	259
Fish La Boissonnerie	(6e)	81
La Fontaine Gaillon	(2e)	44
Fraîche	(10e)	154
Le Frank	(16e)	214
Le Galopin	(10e)	155
Gare au Gorille	(17e)	225
Le Grand Pan	(15e)	195
Ida by Denny Imbroisi	(15e)	196
L'Initial	(5e)	67
L'Innocence	(9e)	148
Isami	(4e)	57
Jacques Faussat	(17e)	225
Jòia par Hélène Darroze	(2e)	45
KGB	(6e)	82
Kitchen Ter(re)	(5e)	68
Lazare	(8e)	138

Liza	(2ᵉ)	45
Loulou	(1ᵉʳ)	31
Macaille	(Suresnes)	264
Les Magnolias		
(Le Perreux-sur-Marne)		261
Maison Noura	(16ᵉ)	214
Manko	(8ᵉ)	138
Marius et Janette	(8ᵉ)	139
Massale	(11ᵉ)	164
Maya	(Ville-d'Avray)	265
Le Metropolitan	(16ᵉ)	214
Mokko	(18ᵉ)	234
Monsieur K	(2ᵉ)	45
Mori Venice Bar	(2ᵉ)	45
Néva Cuisine	(8ᵉ)	139
L'Oiseau Blanc	(16ᵉ)	214
Ore	(Versailles)	265
Orties	(9ᵉ)	148
Osteria Ferrara	(11ᵉ)	164
Les Papilles	(5ᵉ)	68
Papillon	(17ᵉ)	225
La Pascade	(2ᵉ)	46
Passerini	(12ᵉ)	171
La Petite Sirène		
de Copenhague	(9ᵉ)	148
Pierre Sang Signature	(11ᵉ)	164
Pirouette	(1ᵉʳ)	31
Porte 12	(10ᵉ)	155

Quincy	(12ᵉ)	171
Racines des Prés	(7ᵉ)	104
Le Récamier	(7ᵉ)	105
Rech	(17ᵉ)	225
La Régalade Conservatoire	(9ᵉ)	149
La Régalade St-Honoré	(1ᵉʳ)	31
Le Relais Plaza	(8ᵉ)	139
Le Ripailleur	(Saint-Ouen)	263
Le Rive Droite	(16ᵉ)	215
Sellae	(13ᵉ)	175
Le Servan	(11ᵉ)	164
Shirvan	(8ᵉ)	139
Signature Montmartre	(18ᵉ)	235
Sormani	(17ᵉ)	226
Le Sot l'y Laisse	(11ᵉ)	165
Sourire Le Restaurant	(13ᵉ)	176
La Table de Cybèle		
(Boulogne-Billancourt)		259
Taokan - St-Honoré	(1ᵉʳ)	31
Tavline	(4ᵉ)	57
Thiou	(7ᵉ)	105
La Traversée	(18ᵉ)	235
Vantre	(11ᵉ)	165
Le Versance	(2ᵉ)	46
Yaya	(Saint-Ouen)	263
Yen	(6ᵉ)	82
Yido	(15ᵉ)	196

RESTAURANTS PAR TYPE DE CUISINE

Argentine

Anahi 🍴 (3e) 50
Biondi 🍴 (11e) 163

Basque

Pottoka ☺ (7e) 102

Bretonne

Breizh Café - Le Marais 🍴 (3e) 50
Breizh Café - Odéon 🍴 (6e) 81

Chinoise

Impérial Choisy ☺ (13e) 174
Shang Palace ✿ (16e) 212
Taokan - St-Honoré 🍴 (1er) 31

Classique

L'Ambroisie ✿✿✿ (4e) 54
Anne 🍴 (3e) 50
L'Assiette 🍴 (14e) 184
Benoit ✿ (4e) 55
Chez les Anges ☺ (7e) 100
Le Chiquito ✿ (Méry-sur-Oise) 252
Dominique Bouchet ✿ (8e) 125
Lasserre ✿ (8e) 130
Maison Rostang ✿✿ (17e) 218
Ore 🍴 (Versailles) 265
Relais Louis XIII ✿ (6e) 76
Le Relais Plaza 🍴 (8e) 139
Le Taillevent ✿ (8e) 135

Coréenne

Mandoobar ☺ (8e) 136
Mee ☺ (1er) 29
Yido 🍴 (15e) 196

Créative

Akrame ✿ (8e) 118
Alain Ducasse au Plaza Athénée ✿✿✿ (8e) 108
Alan Geaam ✿ (16e) 203
L'Archeste ✿ (16e) 205
Arpège ✿✿✿ (7e) 86
Astrance ✿✿ (16e) 202
AT 🍴 (5e) 67
L'Atelier de Joël Robuchon - Étoile ✿ (8e) 121
L'Atelier de Joël Robuchon - St-Germain ✿✿ (7e) 87
Auberge des Saints Pères ✿ (Aulnay-sous-Bois) 246
Caïus 🍴 (17e) 224
Le Chiberta ✿ (8e) 123
La Condesa ✿ (9e) 142
Le Corot ✿ (Ville-d'Avray) 257
La Dame de Pic ✿ (1er) 23
Dersou 🍴 (12e) 171
Dilia 🍴 (20e) 240
Gordon Ramsay au Trianon ✿ (Versailles) 255
Le Grand Véfour ✿✿ (1er) 16
Guy Savoy ✿✿✿ (6e) 72
Ken Kawasaki ✿ (18e) 231
Les Magnolias 🍴 (Le Perreux-sur-Marne) 261
NESO ✿ (9e) 144
Oka ✿ (5e) 63
Orties 🍴 (9e) 148
Pages ✿ (16e) 210

Passage 53 ✿✿ (2ᵉ) 34
Pierre Gagnaire ✿✿✿ (8ᵉ) 112
Pierre Sang Signature ⏺ (11ᵉ) 164
Le Pré Catelan ✿✿✿ (16ᵉ) 200
Pur' - Jean-François
 Rouquette ✿ (2ᵉ) 38
Quinsou ✿ (6ᵉ) 75
Restaurant
 du Palais Royal ✿ (1ᵉʳ) 27
Restaurant H ✿ (4ᵉ) 56
Saturne ✿ (2ᵉ) 40
Sur Mesure par
 Thierry Marx ✿✿ (1ᵉʳ) 19
Tempero ⏺ (13ᵉ) 175
Yam'Tcha ✿ (1ᵉʳ) 28
Ze Kitchen Galerie ✿ (6ᵉ) 78

Cuisine du marché

Bird ⏺ (Yerres) 266
Le Mermoz ⏺ (8ᵉ) 137
Mokko ⏺ (18ᵉ) 234

Danoise

Copenhague ✿ (8ᵉ) 124
La Petite Sirène
 de Copenhague ⏺ (9ᵉ) 148

Flamande

Graindorge ⏺ (17ᵉ) 223

Fusion

Signature Montmartre ⏺ (18ᵉ) 235

Grecque

Les Délices
 d'Aphrodite ⏺ (5ᵉ) 67
Etsi ⏺ (18ᵉ) 233
Mavrommatis ✿ (5ᵉ) 62
Yaya ⏺ (Saint-Ouen) 263

Grillades

Clover Grill ⏺ (1ᵉʳ) 30

Israélienne

Balagan ⏺ (1ᵉʳ) 30
Tavline ⏺ (4ᵉ) 57

Italienne

Armani Ristorante ✿ (6ᵉ) 73
Cucina ⏺ (5ᵉ) 66
Le George ✿ (8ᵉ) 127
I Golosi ⏺ (9ᵉ) 146
Il Carpaccio ✿ (8ᵉ) 129
Loulou ⏺ (1ᵉʳ) 31
Mori Venice Bar ⏺ (2ᵉ) 45
Osteria Ferrara ⏺ (11ᵉ) 164
Passerini ⏺ (12ᵉ) 171
Penati al Baretto ✿ (8ᵉ) 134
Racines ✿ (2ᵉ) 39
Restaurant
 des Grands Boulevards ⏺ (2ᵉ) 43
Sormani ⏺ (17ᵉ) 226

Japonaise

Abri Soba ⏺ (9ᵉ) 145
L'Abysse
 au Pavillon Ledoyen ✿ (8ᵉ) 117
Aida ✿ (7ᵉ) 90
Auda ⏺ (Levallois-Perret) 261
Beige ⏺ (5ᵉ) 67
Bon Kushikatsu ⏺ (11ᵉ) 163
Isami ⏺ (4ᵉ) 57
Jin ✿ (1ᵉʳ) 25
Kisin ⏺ (8ᵉ) 136
Sushi B ✿ (2ᵉ) 41
Yen ⏺ (6ᵉ) 82
Zen ⏺ (1ᵉʳ) 29

Libanaise

Le Cherine ⊯	(15ᵉ)	195
Liza ⊯	(2ᵉ)	45
Maison Noura ⊯	(16ᵉ)	214

Lyonnaise

Aux Lyonnais ⊯	(2ᵉ)	44

Moderne

L'Abeille ⸎⸎	(16ᵉ)	201
Abri ⸎	(10ᵉ)	152
Accents Table Bourse ⸎	(2ᵉ)	35
L'Accolade ⊯	(15ᵉ)	195
Les Affranchis ⊯	(9ᵉ)	148
Agapé ⸎	(17ᵉ)	219
Alléno Paris au Pavillon Ledoyen ⸎⸎⸎	(8ᵉ)	109
Alliance ⸎	(5ᵉ)	60
L'Ami Jean ⊯	(7ᵉ)	103
L'Antre Amis ⏣	(15ᵉ)	191
Apicius ⸎	(8ᵉ)	119
L'Arcane ⸎	(18ᵉ)	230
Arnaud Nicolas ⊯	(7ᵉ)	103
L'Arôme ⸎	(8ᵉ)	120
L'Atelier du Parc ⏣	(15ᵉ)	191
Auberge du Cheval Blanc ⊯ (Pontoise)		262
Au Bon Accueil ⊯	(7ᵉ)	100
Auguste ⸎	(7ᵉ)	91
Automne ⸎	(11ᵉ)	158
Aux Enfants Gâtés ⏣	(14ᵉ)	182
Aux Plumes ⊯	(14ᵉ)	184
Aux Prés ⊯	(6ᵉ)	80
Baieta ⸎	(5ᵉ)	61
Baltard au Louvre ⊯	(1ᵉʳ)	30
Le Baudelaire ⸎	(1ᵉʳ)	21
Biscotte ⏣	(15ᵉ)	192
Le Bistrot du 11 ⏣ (Versailles)		265
Bistrotters ⏣	(14ᵉ)	182
Bistro Volnay ⊯	(2ᵉ)	44
Le Bon Saint-Pourçain ⊯	(6ᵉ)	80
Les Bouquinistes ⊯	(6ᵉ)	80
Boutary ⊯	(6ᵉ)	81

Brasserie Thoumieux by Sylvestre ⊯	(7ᵉ)	104
Café de l'Homme ⊯	(16ᵉ)	213
Le Caillebotte ⏣	(9ᵉ)	145
Le Camélia ⸎	(Bougival)	247
Les Canailles Pigalle ⏣	(9ᵉ)	146
Capitaine ⊯	(4ᵉ)	57
Carré des Feuillants ⸎	(1ᵉʳ)	22
114, Faubourg ⸎	(8ᵉ)	122
Le Chateaubriand ⸎	(11ᵉ)	159
Le Cinq ⸎⸎⸎	(8ᵉ)	110
52 Faubourg St-Denis ⏣	(10ᵉ)	153
Le Clarence ⸎⸎	(8ᵉ)	113
Les Climats ⸎	(7ᵉ)	92
Le Clos des Gourmets ⏣	(7ᵉ)	101
Clover Green ⊯	(7ᵉ)	104
Cobéa ⸎	(14ᵉ)	180
Comice ⸎	(16ᵉ)	206
Comme Chez Maman ⏣	(17ᵉ)	222
Le Cornichon ⊯	(14ᵉ)	185
Le Cotte Rôti ⊯	(12ᵉ)	170
David Toutain ⸎⸎	(7ᵉ)	88
Dépôt Légal ⏣	(2ᵉ)	42
Le Desnoyez ⏣	(20ᵉ)	238
Ducasse sur Seine ⊯	(16ᵉ)	213
L'Écrin ⸎	(8ᵉ)	126
Eels ⊯	(10ᵉ)	154
Les Enfants Rouges ⊯	(3ᵉ)	50
L'Envie du Jour ⏣	(17ᵉ)	222
Épicure au Bristol ⸎⸎⸎	(8ᵉ)	111
L'Épi Dupin ⊯	(6ᵉ)	81
ERH ⸎	(2ᵉ)	36
ES ⸎	(7ᵉ)	94
L'Escarbille ⸎	(Meudon)	253
L'Esquisse ⏣	(18ᵉ)	233
Étude ⸎	(16ᵉ)	207
La Fabrique ⊯ (Brie-Comte-Robert)		259
Fish La Boissonnerie ⊯	(6ᵉ)	81
Fraîche ⊯	(10ᵉ)	154
Le Frank ⊯	(16ᵉ)	214
Frédéric Simonin ⸎	(17ᵉ)	220
Frenchie ⸎	(2ᵉ)	37
Le Gabriel ⸎⸎	(8ᵉ)	114
Le Galopin ⊯	(10ᵉ)	155
Gare au Gorille ⊯	(17ᵉ)	225
La Grande Cascade ⸎	(16ᵉ)	208
Le Grand Restaurant -		

Jean-François Piège ❀❀ (8ᵉ) 115
Ida by Denny Imbroisi ⅋O (15ᵉ) 196
L'Initial ⅋O (5ᵉ) 67
L'Innocence ⅋O (9ᵉ) 148
Itacoa ⊛ (2ᵉ) 42
Les Jardins
de l'Espadon ❀ (1ᵉʳ) 24
Jean Chauvel ❀
(Boulogne-Billancourt) 248
Le Jourdain ⊛ (20ᵉ) 239
Jouvence ⊛ (12ᵉ) 170
La Jument Verte ⊛
(Tremblay-en-France) 264
Kei ❀❀ (1ᵉʳ) 17
KGB ⅋O (6ᵉ) 82
Kitchen Ter(re) ⅋O (5ᵉ) 68
Kokoro ⊛ (5ᵉ) 66
Laurent ❀ (8ᵉ) 131
Louis ❀ (9ᵉ) 143
Lucas Carton ❀ (8ᵉ) 132
Mamagoto ⊛ (10ᵉ) 153
Marsan - Hélène Darroze ❀(6ᵉ) 74
Massale ⅋O (11ᵉ) 164
Maya ⅋O (Ville-d'Avray) 265
Mensae ⊛ (19ᵉ) 239
Le Metropolitan ⅋O (16ᵉ) 214
Le Meurice
Alain Ducasse ❀❀ (1ᵉʳ) 18
Montée ❀ (14ᵉ) 181
Nakatani ❀ (7ᵉ) 96
Neige d'Été ❀ (15ᵉ) 188
Néva Cuisine ⅋O (8ᵉ) 139
Nomicos ❀ (16ᵉ) 209
L'Oiseau Blanc ⅋O (16ᵉ) 214
L'Orangerie ❀ (8ᵉ) 133
L'Or Q'idée ❀ (Pontoise) 254
L'Ours ❀ (Vincennes) 258
Le Pantruche ⊛ (9ᵉ) 147
Papillon ⅋O (17ᵉ) 225
Pertinence ❀ (7ᵉ) 97
Pilgrim ❀ (15ᵉ) 189
Pirouette ⅋O (1ᵉʳ) 31
Pomze ⊛ (8ᵉ) 137
Porte 12 ⅋O (10ᵉ) 155
Le Quincangrogne ❀
(Dampmart) 250

Le Quinzième -
Cyril Lignac ❀ (15ᵉ) 190
Qui plume la Lune ❀ (11ᵉ) 160
Racines des Prés ⅋O (7ᵉ) 104
La Régalade
Conservatoire ⅋O (9ᵉ) 149
Les Résistants ⊛ (10ᵉ) 154
Richer ⊛ (9ᵉ) 147
Le Ripailleur ⅋O (Saint-Ouen) 263
Le Rive Droite ⅋O (16ᵉ) 215
Le Saint Joseph ⊛
(La Garenne-Colombes) 261
Saperlipopette ! ⊛ (Puteaux) 262
La Scène ❀❀ (8ᵉ) 116
La Scène Thélème ❀ (17ᵉ) 221
Sellae ⅋O (13ᵉ) 175
Septime ❀ (11ᵉ) 161
Le Servan ⅋O (11ᵉ) 164
Shirvan ⅋O (8ᵉ) 139
Sola ❀ (5ᵉ) 64
Le Sot l'y Laisse ⅋O (11ᵉ) 165
Sourire Le Restaurant ⅋O (13ᵉ) 176
Sylvestre ❀❀ (7ᵉ) 89
Table - Bruno Verjus ❀ (12ᵉ) 168
La Table de Cybèle ⅋O
(Boulogne-Billancourt) 259
La Table de l'Espadon ❀❀ (1ᵉʳ) 20
La Table des Blot -
Auberge du Château ❀
(Dampierre-en-Yvelines) 249
La Table d'Eugène ❀ (18ᵉ) 232
La Table du 11 ❀ (Versailles) 256
Le Timbre ⊛ (6ᵉ) 79
Tomy & Co ❀ (7ᵉ) 98
Tour d'Argent ❀ (5ᵉ) 65
La Traversée ⅋O (18ᵉ) 235
Vantre ⅋O (11ᵉ) 165
Le Versance ⅋O (2ᵉ) 46
Le Village ❀ (Marly-le-Roi) 251
Virtus ❀ (12ᵉ) 169
Yoshinori ❀ (6ᵉ) 77

Péruvienne

Manko ⅋O (8ᵉ) 138

Poissons et fruits de mer

Antoine ✿	(16e)	204
Clamato ⊕	(11e)	162
Dessirier par Rostang Père et Filles ⊫	(17e)	224
Divellec ✿	(7e)	93
Le Duc ⊫	(14e)	185
La Fontaine Gaillon ⊫	(2e)	44
Helen ✿	(8e)	128
Marius et Janette ⊫	(8e)	139
La Méditerranée ⊕	(6e)	79
Rech ⊫	(17e)	225

Régionale

La Pascade ⊫	(2e)	46

Sud-Ouest

Jòia par Hélène Darroze ⊫ (2e)		45
La Table d'Antan ⊕ (Sainte-Geneviève-des-Bois)		263

Terroir

Auberge Pyrénées Cévennes ⊕	(11e)	162

Thaïlandaise

Monsieur K ⊫	(2e)	45
Thiou ⊫	(7e)	105

Traditionnelle

Abbaye des Vaux de Cernay ⊫ (Cernay-la-Ville)		260
À La Biche au Bois ⊫	(12e)	170
Allard ⊫	(6e)	80
Au Petit Marguery ⊫	(13e)	175
Le Baratin ⊫	(20e)	240
Barbezingue ⊕ (Châtillon)		260
Beurre Noisette ⊫	(15e)	195
Bistrot Augustin ⊫	(14e)	184

Le Bouchon et l'Assiette ⊫	(17e)	224
Le Boudoir ⊫	(8e)	138
La Bourse et la Vie ⊫	(2e)	44
Café Constant ⊫	(7e)	104
Les Canailles Ménilmontant ⊕	(20e)	238
Le Casse Noix ⊕	(15e)	192
Caves Pétrissans ⊫	(17e)	224
Les 110 de Taillevent ⊫	(8e)	138
Le Cette ⊫	(14e)	184
Champeaux ⊫	(1er)	30
Le Chefson ⊕ (Bois-Colombes)		259
Les Cocottes - Tour Eiffel ⊕	(7e)	101
Le Coq Rico ⊫	(18e)	234
L'Empreinte ⊕	(14e)	183
Le Grand Pan ⊫	(15e)	195
Jacques Faussat ⊫	(17e)	225
La Laiterie Sainte-Clotilde ⊕	(7e)	102
Lazare ⊫	(8e)	138
Loiseau rive Gauche ✿	(7e)	95
Macaille ⊫ (Suresnes)		264
N° 41 ⊕	(16e)	213
Origins 14 ⊕	(14e)	183
L'Os à Moelle ⊕	(15e)	193
L'Oseille ⊕	(2e)	43
Les Papilles ⊫	(5e)	68
Le Pergolèse ✿	(16e)	211
Le Petit Verdot du 17ème ⊕	(17e)	223
La Poule au Pot ✿	(1er)	26
Quincy ⊫	(12e)	171
Le Radis Beurre ⊕	(15e)	193
Le Récamier ⊫	(7e)	105
Le Réciproque ⊕	(18e)	234
La Régalade St-Honoré ⊫ (1er)		31
Le Troquet ⊫	(15e)	194
Le Villaret ⊕	(11e)	163
20 Eiffel ⊕	(7e)	103
Le Violon d'Ingres ✿	(7e)	99
Le Vitis ⊕	(15e)	194

Vietnamienne

Pho Tai ⊕	(13e)	174

TABLES EN TERRASSE

Abbaye des Vaux
 de Cernay ⅼ○ (Cernay-la-Ville) 260
Akrame ❀ (8ᵉ) 118
Anne ⅼ○ (3ᵉ) 50
L'Antre Amis 🍴 (15ᵉ) 191
Apicius ❀ (8ᵉ) 119
Arnaud Nicolas ⅼ○ (7ᵉ) 103
L'Atelier du Parc 🍴 (15ᵉ) 191
Auberge
 du Cheval Blanc ⅼ○ (Pontoise) 262
Baltard au Louvre ⅼ○ (1ᵉʳ) 30
Bird 🍴 (Yerres) 266
Bistrot Augustin ⅼ○ (14ᵉ) 184
Le Bistrot du 11 🍴 (Versailles) 265
Le Bon Saint-Pourçain ⅼ○ (6ᵉ) 80
Breizh Café - Odéon ⅼ○ (6ᵉ) 81
Café de l'Homme ⅼ○ (16ᵉ) 213
Caves Pétrissans ⅼ○ (17ᵉ) 224
Champeaux ⅼ○ (1ᵉʳ) 30
Les Climats ❀ (7ᵉ) 92
Copenhague ❀ (8ᵉ) 124
Les Délices d'Aphrodite ⅼ○ (5ᵉ) 67
Dépôt Légal 🍴 (2ᵉ) 42
Dessirier par Rostang
 Père et Filles ⅼ○ (17ᵉ) 224
Épicure au Bristol ❀❀❀ (8ᵉ) 111
L'Épi Dupin ⅼ○ (6ᵉ) 81
L'Escarbille ❀ (Meudon) 253
Etsi 🍴 (18ᵉ) 233
La Fontaine Gaillon ⅼ○ (2ᵉ) 44
Le Frank ⅼ○ (16ᵉ) 214
Le Gabriel ❀❀ (8ᵉ) 114
Gordon Ramsay au Trianon ❀
  (Versailles) 255
La Grande Cascade ❀ (16ᵉ) 208

Il Carpaccio ❀ (8ᵉ) 129
Les Jardins
 de l'Espadon ❀ (1ᵉʳ) 24
La Jument Verte 🍴
  (Tremblay-en-France) 264
Laurent ❀ (8ᵉ) 131
Lazare ⅼ○ (8ᵉ) 138
Loulou ⅼ○ (1ᵉʳ) 31
Macaille ⅼ○ (Suresnes) 264
Maison Noura ⅼ○ (16ᵉ) 214
Marius et Janette ⅼ○ (8ᵉ) 139
Mavrommatis ❀ (5ᵉ) 62
Mori Venice Bar ⅼ○ (2ᵉ) 45
L'Oiseau Blanc ⅼ○ (16ᵉ) 214
L'Orangerie ❀ (8ᵉ) 133
L'Or Q'idée ❀ (Pontoise) 254
Osteria Ferrara ⅼ○ (11ᵉ) 164
Pirouette ⅼ○ (1ᵉʳ) 31
Le Quincangrogne ❀
  (Dampmart) 250
Le Récamier ⅼ○ (7ᵉ) 105
Rech ⅼ○ (17ᵉ) 225
Restaurant
 du Palais Royal ❀ (1ᵉʳ) 27
Le Saint Joseph 🍴
  (La Garenne-Colombes) 261
Saperlipopette ! 🍴 (Puteaux) 262
Sellae ⅼ○ (13ᵉ) 175
Shirvan ⅼ○ (8ᵉ) 139
La Table d'Antan 🍴
  (Sainte-Geneviève-des-Bois) 263
Thiou ⅼ○ (7ᵉ) 105
Le Versance ⅼ○ (2ᵉ) 46
Yaya ⅼ○ (Saint-Ouen) 263
Zen 🍴 (1ᵉʳ) 29

RESTAURANTS AVEC SALONS PARTICULIERS

Aida ✿ (7ᵉ) 90
Alléno Paris au
 Pavillon Ledoyen ✿✿✿ (8ᵉ) 109
Antoine ✿ (16ᵉ) 204
Apicius ✿ (8ᵉ) 119
L'Arôme ✿ (8ᵉ) 120
Arpège ✿✿✿ (7ᵉ) 86
AT ⅠO (5ᵉ) 67
L'Atelier de Joël Robuchon -
 Étoile ✿ (8ᵉ) 121
L'Atelier de Joël Robuchon -
 St-Germain ✿✿ (7ᵉ) 87
Aux Lyonnais ⅠO (2ᵉ) 44
Baltard au Louvre ⅠO (1ᵉʳ) 30
Benoit ✿ (4ᵉ) 55
Biondi ⅠO (11ᵉ) 163
Le Boudoir ⅠO (8ᵉ) 138
Boutary ⅠO (6ᵉ) 81
Café de l'Homme ⅠO (16ᵉ) 213
Caïus ⅠO (17ᵉ) 224
Les Canailles
 Ménilmontant ⓐ (20ᵉ) 238
Carré des Feuillants ✿ (1ᵉʳ) 22
Caves Pétrissans ⅠO (17ᵉ) 224
Champeaux ⅠO (1ᵉʳ) 30
Chez les Anges ⓐ (7ᵉ) 100
Le Chiberta ✿ (8ᵉ) 123
Le Chiquito ✿ (Méry-sur-Oise) 252
Le Cinq ✿✿✿ (8ᵉ) 110
Le Clarence ✿✿ (8ᵉ) 113
Le Clos des Gourmets ⓐ (7ᵉ) 101
La Dame de Pic ✿ (1ᵉʳ) 23
David Toutain ✿✿ (7ᵉ) 88
Dessirier par Rostang
 Père et Filles ⅠO (17ᵉ) 224
Divellec ✿ (7ᵉ) 93
Dominique Bouchet ✿ (8ᵉ) 125
L'Empreinte ⓐ (14ᵉ) 183
L'Escarbille ✿ (Meudon) 253
La Fontaine Gaillon ⅠO (2ᵉ) 44

La Grande Cascade ✿ (16ᵉ) 208
Le Grand Pan ⅠO (15ᵉ) 195
Le Grand Véfour ✿✿ (1ᵉʳ) 16
Guy Savoy ✿✿✿ (6ᵉ) 72
Helen ✿ (8ᵉ) 128
Il Carpaccio ✿ (8ᵉ) 129
L'Initial ⅠO (5ᵉ) 67
Jacques Faussat ⅠO (17ᵉ) 225
Jean Chauvel ✿
 (Boulogne-Billancourt) 248
Jin ✿ (1ᵉʳ) 25
Jòia par Hélène Darroze ⅠO (2ᵉ) 45
Lasserre ✿ (8ᵉ) 130
Laurent ✿ (8ᵉ) 131
Loiseau rive Gauche ✿ (7ᵉ) 95
Lucas Carton ✿ (8ᵉ) 132
Macaille ⅠO (Suresnes) 264
Maison Rostang ✿✿ (17ᵉ) 218
Mamagoto ⓐ (10ᵉ) 153
Manko ⅠO (8ᵉ) 138
Marsan - Hélène Darroze ✿ (6ᵉ) 74
Massale ⅠO (11ᵉ) 164
Mavrommatis ✿ (5ᵉ) 62
La Méditerranée ⓐ (6ᵉ) 79
Le Metropolitan ⅠO (16ᵉ) 214
Le Meurice
 Alain Ducasse ✿✿ (1ᵉʳ) 18
Mokko ⅠO (18ᵉ) 234
Ore ⅠO (Versailles) 265
Les Papilles ⅠO (5ᵉ) 68
Le Pergolèse ✿ (16ᵉ) 211
Pierre Gagnaire ✿✿✿ (8ᵉ) 112
Pomze ⓐ (8ᵉ) 137
Pottoka ⓐ (7ᵉ) 102
Le Pré Catelan ✿✿✿ (16ᵉ) 200
Le Quincangrogne ✿
 (Dampmart) 250
Le Quinzième -
 Cyril Lignac ✿ (15ᵉ) 190
Racines ✿ (2ᵉ) 39

La Régalade
 Conservatoire ⅰ○ (9ᵉ) 149
La Régalade St-Honoré ⅰ○ (1ᵉʳ) 31
Relais Louis XIII ✿ (6ᵉ) 76
Restaurant des
 Grands Boulevards ⊕ (2ᵉ) 43
Restaurant
 du Palais Royal ✿ (1ᵉʳ) 27
Le Rive Droite ⅰ○ (16ᵉ) 215
Saperlipopette ! ⊕ (Puteaux) 262
La Scène ✿✿ (8ᵉ) 116
Shang Palace ✿ (16ᵉ) 212

Sola ✿ (5ᵉ) 64
Sormani ⅰ○ (17ᵉ) 226
Sylvestre ✿✿ (7ᵉ) 89
Table - Bruno Verjus ✿ (12ᵉ) 168
La Table de l'Espadon ✿✿ (1ᵉʳ) 20
La Table des Blot -
 Auberge du Château ✿
    (Dampierre-en-Yvelines) 249
Le Taillevent ✿ (8ᵉ) 135
Taokan - St-Honoré ⅰ○ (1ᵉʳ) 31
Tour d'Argent ✿ (5ᵉ) 65
Le Vitis ⊕ (15ᵉ) 194

CREDITS

Page 6 : Alban Couturier/La Scène Thélème · **autres photos :** Olivier Decker/Michelin, de haut en bas :
Étude • Armani Ristorante • Origins 14

MICHELIN TRAVEL PARTNER

Société par actions simplifiées au capital de 15 044 940 €
27 Cours de l'Île Seguin - 92100 Boulogne Billancourt (France)
R.C.S. Nanterre 433 677 721
Copyright © Michelin Travel Partner 2019 – Tous droits réservés
Dépôt légal : novembre 2018
Imprimé en Italie, sur du papier issu de forêts gérées durablement.

Conception graphique : **i c i 𝟑 a r b è s**
Compogravure : Nord Compo, Villeneuve-d'Ascq (France)
Impression : LEGO, Lavis (Italia)